# Japanese Through Dialogues

## For Intermediate Learners
### <Drills & Tasks>

# 会話のにほんご
## 〈ドリル&タスク〉

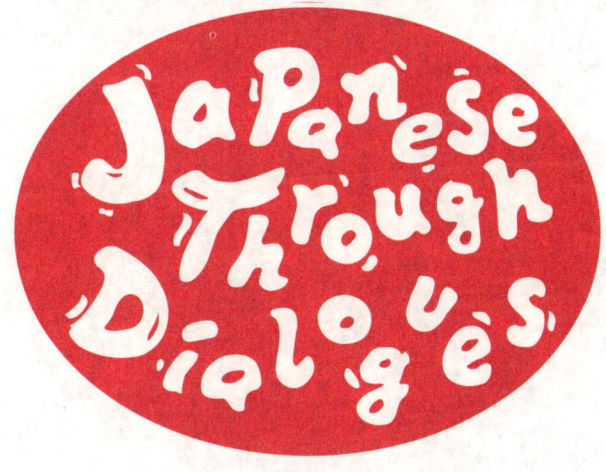

Mizue Sasaki
Masami Kadokura

시사일본어사

Japanese Through Dialogues For Intermediate Learners <Drills & Tasks>
by Mizue Sasaki & Masami Kadokura
Copyright © 1997 by Mizue Sasaki & Masami Kadokura
All rights reserved
Original Japanese edition published by The Japan Times, Ltd.
Korean translation rights arranged with The Japan Times, Ltd.
Through Japan Foreign-Rights Centre

# 머리말

이 책은 『会話のにほんご』로 일본어를 공부하는 학습자에게 도움이 되고자 만들었습니다.

『会話のにほんご』는 초급에서 배운 문형과 문법을 학습자들이 일상 회화에서 능숙하게 사용할 수 있도록 하는 것을 목표로 하고 있습니다. '초급을 마친 학습자가 상황에 맞는 회화 능력을 몸에 익힐 수 있는 최적의 교재' '초급에서 중급으로의 간격을 메우는 데 알맞은 교재' '기본 항목이 다양한 문맥 안에 나타나 있는 교사용 참고서' 라는 호의적인 평가도 받았습니다.

그런데 『会話のにほんご』를 실제 수업에서 사용했던 교사들로부터 '교재의 취지를 잘 살리기 위해서 어떤 연습과 교실 활동을 하면 좋을까' 라는 의견이 있었습니다. '테이프를 듣고 교재를 읽는 것만으로 회화력이 늘까' 라는 독자도 있었습니다. 확실히 학습자가 혼자 공부하는 경우에는 드릴이 효과적이고, 교실에서 사용할 경우에는 타스크와 『会話のにほんご』의 회화를 발전시킬 요소도 있는 편이 좋을 것입니다.

이 책은 요코하마 일본어 연구회 회원들과 『会話のにほんご』의 토대가 되는 작업을 할 때부터 기초안을 생각했던 것입니다. 교재를 만들 때에는 실제 교실 활동에서의 피드백이 반드시 필요합니다. 이 책에는 저자와 집필 협력자들이 『会話のにほんご』를 사용한 학급에서 이 드릴과 타스크의 원안을 사용해 본 생생한 경험이 담겨 있습니다.

이 책을 부교재로 삼아 『会話のにほんご』가 초급 후반부터 중급 전반에 걸친 학급에서 커뮤니케이션 능력을 키울 수 있는 교재로 활용되었으면 좋겠습니다.

이 책을 만들면서 앞에서 언급한 요코하마 일본어 연구회 회원들, 특히 드릴은 薄井廣見 선생님, 타스크는 村澤慶昭 선생님의 도움을 받았습니다. 진심으로 감사드립니다. 또 내용에 적합한 그림을 그려주신 高岸雅子 선생님, 편집 과정에서 거의 공저자에 가까운 역할을 해 주신 The Japan Times의 関戸千明 선생님께 감사드립니다.

佐々木瑞枝

門倉　正美

# 차례

이 책은 각 과마다 다음과 같은 구성으로 이루어져 있습니다.

(1) イラストによる文法確認
(2) 応答バリエーション
(3) 内容質問
(4) 文法確認ドリル
(5) タスク

이 밖에도 「て형」과 「남성어·여성어」 등의 회화 표현의 포인트를 설명한 コラム이 각 과마다 실려 있습니다.

## ✅ イラストによる文法確認

여기에서는 『会話のにほんご』의 응용회화에서 설명한 의미·용법을 한 가지씩 일러스트로 나타내고 있습니다. 일러스트 (1)(2)(3)은 각각 응용회화의 (1)(2)(3)에 해당합니다.

일러스트를 잘 보면서 문법 설명만으로는 추상적이고 이해하기 힘든 의미·용법을 파악해 봅시다. 또 일러스트를 토대로, 예를 들면 제1과에서는 「ビールを飲んでいます。笑っています。この人はビールが好きですね」라는 식으로 회화를 발전시키는 연습도 가능합니다.

## ﹛応答バリエーション﹜

회화력을 키우기 위해 『会話のにほんご』의 회화 이외의 응답 표현을 나타낸 것입니다.

교재 안에서 일상에서 자주 사용되는 짧은 회화를 3개 선택해서 각각에 대해 a)~d)의 4종류의 응답을 나타냈습니다. a)는 교재에서의 응답, b)~d)가 응용회화의 응답입니다.

예를 들면 제1과에서는 「どちらにお勤めですか。/建設会社に勤めています。」라는 회화 예에 대해 「b) ○○電気です。c) 今は、働いていません。d) パートでスーパーで働いています。」라는 응답도 가능합니다. 학습항목인 「～ている」를 사용해서 대답하는 것이 기본적인 연습이지만, 「○○電気です」와 「勤めている」 대신 「働いている」라는 말을 사용한 응답 표현을 연습할 수 있습니다.

## 【内容質問】

각 과의 회화를 잘 이해하였는지 확인하는 질문입니다. 가능한 한 『会話のにほんご』를 보지 않고, 테이프와 선생님의 육성으로 회화를 듣고, 질문에 대답해 봅시다.

회화는 전부 어떤 맥락·문맥 안에서 행해지고 있습니다. 회화 내용을 이해하기 위해서는 '무엇을' 이야기하고 있는가뿐만 아니라 '누가' '언제' '어디서' 이야기하고 있는가라는 문맥 파악이 필요합니다.

회화에서뿐만 아니라, 교재 안의 4행 회화에 대해서도 두 사람씩 짝지어 내용 질문을 해 보면 연습이 됩니다. 예를 들면 제1과에서는 「入試合格発表」「就職面接」「日本の官僚機構」등 회화를 더욱 발전시킬 수 있을 것입니다.

## 【文法確認ドリル】

『会話のにほんご』의 연습문제를 보충해서 각 과의 드릴을 평균 3문제(1문제당 5개의 질문)씩 만들었습니다. 드릴은 단조로움을 피하기 위해 다양한 형식을 도입했습니다. 드릴에 나온 문장은 거의 『会話のにほんご』에 나온 문장 그대로이거나 조금 변형한 것이기 때문에, 드릴을 푸는 과정에서 자연스럽게 본문을 이해할 수 있을 것입니다. 또 예를 들면 제6과의 드릴 3과 같이 관련있는 학습항목을 총정리하는 드릴도 있습니다.

이 드릴에서 『会話のにほんご』의 예문을 정확히 습득했는지, 문법적인 용법의 차이를 이해했는지 확인해 봅시다. 권말에 해답이 있으므로 스스로 채점해 보면 부족한 부분을 알 수 있습니다.

## タスク

각 과에 한두 개씩 타스크가 있습니다. 타스크란 '과제·수행'이란 의미로, '학습항목을 사용해서 어떤 의미 있는 커뮤니케이션 행동을 수행하는 것'을 말합니다. 타스크는 각 과의 마무리로서, 학습자가 커뮤니케이션 능력을 종합적으로 발휘할 수 있도록 했습니다. 과에 따라 타스크 형식이 아니라 「総合問題」와 「ディスコース練習」형식으로 종합적인 연습을 하는 부분도 있습니다.

타스크는 수업에서 다른 학습자들과 함께 하는 것을 기본으로 했습니다만, 학습자가 혼자 할 수도 있습니다. 혼자 공부할 경우에는 선생님에게 타스크를 지명당한 학습자 입장에서 연습해 봅시다.

예를 들면 제1과 타스크 1은 여러 직업을 가진 사람들이 몸에 착용하는 것을 알아맞추고, 복장의 「〜ている」를 구사하는 연습입니다. 타스크를 하면서 일본 사회에는 유니폼이 많다는 사실도 주목해야 할 부분입니다. 타스크 2는 휴대 전화로 실황 중계하는 장면으로, 진행중인 동작을 나타내는 「〜ている」 연습을 합니다.

타스크도 권말에 해답과 모범답안을 실었으므로, 참고하시기 바랍니다.

「수동형」「수수(授受)표현」 등 중요한 문법 사항과 「남성어・여성어」「言い差し(말흐림) 표현」 등 회화 표현의 핵심 포인트에 대해 『会話のにほんご』 각 과의 문법 설명을 보충하는 칼럼 9개를 실었습니다.

흥미로운 칼럼을 골라 읽고, 드릴을 하면서 복잡해진 머리를 식히면서 기분 전환을 합시다. 각 과에서 학습한 문법과 회화 표현의 배경에 있는 일본어의 풍부한 세계가 보일 것입니다.

# もう 12 時すぎています

동사 · て형의 응용 (1) ~ている

☑ イラストによる文法確認

**1** ビールを飲んでいます。

**2** 荷物が届いていますよ。
にもつ　とど

**3** 大学には自転車で通っています。
じてんしゃ　かよ

**4** 父はいつもしゃれた帽子を
ぼうし
かぶっています。

**5** お父さんによく似ています。
に

**1.** どちらにお勤めですか。(p. 11)

    a) 建設会社に勤めています。

    b) ○○電気です。

    c) 今は、働いていません。

    d) パートでスーパーで働いています。


**2.** いつも新聞は何を読んでいますか。(p. 11)

    a) 経済紙を愛読しています。

    b) タイムとニューズ・ウィークを読んでいます。

    c) 忙しいので、新聞はあまり……（読みません）。

    d) テレビは見ますが、新聞は難しいので……（読めません）。


**3.** まだ食べているんですか。(p. 9)

    a) まだ3杯目ですよ。

    b) もう終わります。

    c) 今、食べ始めたばかりです。

    d) ゆっくり食べているんです。


内容質問

(1) 二人はどこで話していますか。

(2) 道路はすいていますか。

(3) 二人は何を心配していますか。

(4) 鈴木さんは何で行きましたか。

(5) この二人と鈴木さんと、どちらが早く会場に着きましたか。

**1.** 例のように、（　　）の中の動詞を「〜て」の 形 にしてください。

> 例　もうビールを（飲む → 飲んで）います。

(1) 毎日、バスで（通う →　　　　　　）います。

(2) まだ（着く →　　　　　　）いないようですよ。

(3) 今、（探す →　　　　　　）いるところだよ。

(4) 家では着物を（着る →　　　　　　）います。

(5) ずいぶん変な（形をする →　　　　　　）（い）るなあ。

(6) 文庫本を（読む →　　　　　　）います。

(7) 二人はよく（似る →　　　　　　）います。

(8) もう1時間も（待つ →　　　　　　）いるのに、まだ来ない。

(9) 今日はネクタイを（する →　　　　　　）（い）ないのね。

(10) 長崎には行きましたが、広島にはまだ（行く →　　　　　　）（い）ません。

**2.** 例のように、線で結んでください。

> 例　歴史 小説を　　　　　　　　　　　・ a. 食べています。

(1) 日本 料 理は味つけが　　　　・　　　・ b. 立っていました。

(2) 背中のボタンが　　　　　　・　　　・ c. 始まっています。

(3) 朝はいつもパンを　　　　　・　　　・ d. あっさりしています。

(4) 電車が込んでいたので、ずっと・　　　・ e. 愛読しています。

(5) 搭 乗 手続きは5分前から　　・　　　・ f. はずれています。

**3.** 下の □ の中から適当な動詞を選んで、適当な形にして書いてください。

(1) 日本語の勉強のため、毎日テープを＿＿＿＿＿＿＿います。

(2) 映画は11時からですから、もう＿＿＿＿＿＿＿います。

(3) 私は独身じゃありません。＿＿＿＿＿＿＿います。

(4) 長 話 ですね。もう1時間も＿＿＿＿＿＿＿いますよ。

(5) 郵便局は5時まで＿＿＿＿＿＿＿＿います。
ゆうびんきょく

結婚する　話す　泣く　閉まる　開く　聞く　始まる　着く　困る
けっこん　　　　　な　　し　　あ　　　　　はじ　　つ　　こま

**4.** イラストにかいてあることを、〔　　〕の中の言葉を使って「～ている」の形で書いて
ことば
ください。

(1) 〔うるさい、音楽、なる〕
おんがく

→ ＿＿＿＿＿＿＿＿＿＿＿＿＿＿＿＿＿＿＿＿＿＿＿＿＿。

(2) 〔線路、一万円札、落ちる〕
せんろ　　　さつ　お

→ ＿＿＿＿＿＿＿＿＿＿＿＿＿＿＿＿＿＿＿＿＿＿＿＿＿。

(3) 〔電車の中、文庫本、読む〕

→ ＿＿＿＿＿＿＿＿＿＿＿＿＿＿＿＿＿＿＿＿＿＿＿＿＿。

(4) 〔今日、ジーンズ、はく〕

→ ＿＿＿＿＿＿＿＿＿＿＿＿＿＿＿＿＿＿＿＿＿＿＿＿＿。

(5) 〔力士、いつも、堂々とする〕
りきし　　　　　　どうどう

→ ＿＿＿＿＿＿＿＿＿＿＿＿＿＿＿＿＿＿＿＿＿＿＿＿＿。

　服装を見れば、その人の仕事がわかります。では、次の人たちはどんな服装をしているで
しょうか。例のように □ の絵から適当なものを選んで、どんな服装をしているか発表し
てください。

例 **警察官**
けいさつかん

・制服を着ています。
　せいふく
・帽子をかぶってい
　ぼうし
　ます。
・ピストルを持って
　います。
・ネクタイをしてい
　ます。

1. 銀行員
　ぎんこういん

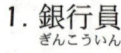

2. ファーストフードの店員

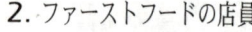

3. 医者
　いしゃ

4. 旅館の女将
　りょかん　おかみ

5. 女子高生
　じょしこうせい

6. コック

7. デパートの店員

8. 看護婦
　かんごふ

# タスク2 今、どこにいるの？

携帯電話はどこにいても話せます。携帯電話で話しながら、相手のグループがどこにいるのかをあてましょう。

## やり方

❶ 2つのグループに分かれます。

❷ 片方のグループの1人が「**場所カード**」をひきます。そのグループの人たちは、その場所カードに書かれた場所にいることにします。

❸ 相手のグループの中の1人が、場所カードをひいた人と携帯電話で話します。場所をあてる人は、「どこにいますか」というように直接場所を聞いてはいけません。「○○さんは**何をしていますか**」というように、相手のグループの人たちが何をしているかを聞いて、そこから場所をあててください。

❹ 「何をしているか」と聞いても相手の場所がわからない時は、ほかの質問をしてもいいです。

❺ 相手より少ない質問の数で、相手のいる場所をあてたほうが勝ちです。

❻ 同じグループの人は、携帯電話で話している人たちにアドバイスしてあげてください。

[場所カード]

| | | |
|---|---|---|
| 留学生会館のロビー | ○○駅のホーム | △△デパートの中 |
| 電車の中 | 自分の部屋 | 公園の中 |

例 　Ａさんは「留学生会館のロビー」という場所カードをひきました。Ｅさんが質問する人で、Ｂさん、Ｃさん、Ｄさんは Ａさんと同じグループです。

〔ピピピピピー（携帯電話の音）〕

A：はい、もしもし。

E：あ、Ａさん。Ｅですけど。

A：Ｅさんですか。いま、Ｂさん、Ｃさん、Ｄさんといっしょなんだ。

E：そう。Ａさんは、今、何をしてるの？

A：日本の新聞を読んでるんだ。

E：Ｂさんは？

A：ソファで居眠りしてるよ。

E：ふーん。Ｃさんは？

A：コーヒーをおいしそうに飲んでる。

E：Ｄさんは何してるの？

A：ウォークマンで音楽を聞いてるよ。

E：そう。

　ここまで話したところで、Ｅさんは自分のグループの人たちとも相談し、Ａさんのグループが今どこにいるかをあてます。

# 「て형」은 자연스러운 회화의 키 포인트

『会話のにほんご』는 동사 「て형」의 응용에서부터 시작한다. 「て형」은 초급 수준을 벗어나기 위한 고비 단계로서, 특히 복잡한 5단 동사의 「て형」으로 고생한 학습자들에게 많은 도움이 될 것이다. 이 「て형」을 익히면 일본어 표현력은 비약적으로 늘어나게 되는데 우선 첫째, 「朝早く起きて、近くを散歩した(아침 일찍 일어나 주위를 산책했다)」처럼 「て형」으로 문장을 연결할 수 있다. 둘째, 「て형」 변화에 익숙해지면 일본어 동사 활용의 종류를 동시에 익힐 수 있다. 예를 들면 た형은 て형의 모양을 그대로 적용하면 된다. 셋째, 가장 중요한 것은 앞서 언급한 바와 같이 「〜ている」「〜てある」 등의 「て형＋보조동사」가 다양한 의미를 가지고 있으므로 자연스러운 회화 표현에 없어서는 안 될 요소라는 점이다.

하지만 중급 수준이라고 자신하는 학습자나, 수업에서 「て형」을 가르치는 일본어 선생님도 무심코 일상 회화에서의 「て형＋보조동사」의 다양한 의미를 간과하기 쉽다.

상당한 일본어 실력을 지닌 유학생에게 책을 빌려준 적이 있었는데, 그만 그 책을 잃어버렸다. 그는 「先生、私は先生の本をなくしました(선생님, 저는 선생님의 책을 잃어버렸습니다)」라고 죄송스러운 듯 말했다. 분명히 이 표현으로 말하고자 하는 의도는 전달된다. 하지만 뭔가 부족하다. 이런 표현으로는 '책을 잃어버렸다'는 사실의 보고에 불과할 뿐, 책을 잃어버린 것에 대한 사과의 기분이 들어 있지 않다. 이런 경우에는 「なくす(잃다)＋てしまう(〜해 버리다)＝なくしてしまいました(잃어버렸습니다)」라고 하면 후회의 의미를 담은 표현이 된다.

일본어에는 말하는 내용에 대한 화자의 심리적 태도를 나타내는 표현이 여러 가지 있는데, 「〜てしまう」와 같은 「て형＋보조동사」도 그 중 하나로 응용 범위가 매우 넓다.

『会話のにほんご』에서는 「〜ている」부터 시작하여 6가지의 대표적인 「て형＋보조동사」 형태를 제시하며 여러 가지 회화 용례를 제시하였다. 먼저 각 과 본문 회화의 별색 고딕체 부분이 지니는 의미를 생각해 보자. 계속해서 응용회화를 학습하면 그 과의 학습 항목의 의미, 용법의 차이를 충분히 알 수 있을 것이다. 그리고 드릴과 타스크를 반복 연습하면 어느새 「すみません。なくしちゃったんです(죄송합니다. 잃어버리고 말았습니다)」라고 자연스럽게 표현할 수 있을 것이다.

자, 회화에서 「て형」을 사용해 보자. 틀림없이 자기 기분을 상대방에게 전달하는 수준이 높아질 것이다.

# 2 20部コピーしてあります

동사 · て형의 응용 (2) 〜てある

## ✔ イラストによる文法確認

**1** この手紙は宛（あ）て名（な）が書いて
ありません。

**2** 20 部（ぶ）コピーしてあります。

**3** 先生のために席（せき）があけてあります／席がずいぶんあいています。

## 応答バリエーション

**1.** 窓（まど）が開いていますね。閉めましょうか。

a) いえ、空気が悪（わる）いので、開（あ）けてあるんです。

b) ああ、お願（ねが）いします。

c) さっきまで閉まっていたんですが、誰（だれ）が開けたんでしょうね。

d) どうりで寒いと思いました。

**2.** すみません。そこの席、あいていますか。

    a) いえ、先生のためにあけてあるんです。

    b) ええ、あいてますよ。どうぞ。

    c) 荷物が置いてあるから、誰か来ると思います。

    d) たぶんあいていると思いますけど……。


**3.** 資料コピーしてありますか。

    a) はい、20部コピーしてあります。

    b) ええ、そこに置いてありますよ。

    c) すみません。まだなんです。

    d) 今すぐ、コピーします。


## 内容質問

(1) 資料に何と書いてありますか。

(2) それはどういう意味ですか。
    a) 会社の外に出て仕事をするときの費用
    b) 他社に知られてはいけない秘密
    c) 他の社員に知られてはいけない秘密

(3) この資料は何に使いますか。

(4) 何部コピーしますか。

(5) 部長は鈴木さんに、何に気をつけるように、と言っていますか。


## 文法確認ドリル

**1.** 例のように、（　　）の中の動詞を「～てある」の適当な形にしてください。

> 例　A：この手紙出してきてください。
>
>     B：ええ、でも切手が（貼る → 貼ってあり）ませんよ。

(1) A：ケーキが （買う →　　　　　　　　　　） ね。誰かの誕生日だっけ？

B：今日はお兄ちゃんの18歳の誕生日だよ。

(2) A：忘れ物はない？

B：うん。荷物はもう、全部カバンに （入れる →　　　　　　　　　　） よ。

(3) A：たばこ、吸ってもいいですか。

B：だめですよ。あそこに「禁煙」って （書く →　　　　　　　　　　） よ。

(4) A：あそこに （置く →　　　　　　　　　　） カバン、誰のですか。

B：あっ、私のです。

(5) A：泥棒に入られたんですか。

B：ええ。鍵はちゃんと （かけた →　　　　　　　　　　） んですよ。


**2.** ランさんは旅行から帰って、びっくりしました。下の絵を見て、例のように、〔　　　〕の中の言葉を使って「〜てあります」の形で書いてください。

> 例 部屋の掃除がしてあります。〔部屋の掃除、する〕

(1) ＿＿＿＿＿＿＿＿＿＿＿＿＿＿＿＿＿＿ 〔机の上、花、飾る〕

(2) ＿＿＿＿＿＿＿＿＿＿＿＿＿＿＿＿＿＿ 〔テーブルの上、カード、置く〕

(3) ＿＿＿＿＿＿＿＿＿＿＿＿＿＿＿＿＿＿ 〔カード、「誕生日おめでとう」、書く〕

**3.** 下の □ の中から適当な動詞を選んで、「〜てある（あります）」か「〜ている（います）」の形にして書いてください。

(1) 真由美：あそこに （　　　　　　　　　） ボールペン、パクさんのじゃありませんか。

パク　：あっ、ほんとうだ。昨日から探していたんです。

(2) 真由美：あっ、その電話は使えませんよ。紙に「故障 中」と（　　　　　　　　）でしょ
　　　　　　　う。

　　　パク　：あっ、そうですね。（　　　　　　　）んですね。

(3) 真由美：パクさんの部屋にはエアコンはないんですか。

　　　パク　：ええ、それで窓が（　　　　　　）んです。

(4) パク　：カバンが（　　　　　　）よ。

　　　真由美：えっ、うっかりしていました。どうもありがとう。

(5) 真由美：机の上に写真が（　　　　　　）ね。妹さんの写真ですか。

　　　パク　：いいえ、あれは恋人の写真なんです。

---

落ちる　落とす　壊す　壊れる　開く　開ける　飾る　書く

**1.** ［出発前チェックリスト］
しゅっぱつまえ
海外旅行をする時にはいろいろな準備が必要です。「チェックリスト」を使って確認
かいがいりょこう　　　　　　　　　　　　　じゅんび　ひつよう　　　　　　　　　　　　　　　　　　　　かくにん
してみましょう。

**やり方**

❶ ペア（A・B）に分かれます。Aさんは中国旅行の前に下のチェックリストを作っ
た人、BさんはAさんの準備について聞く人です。

❷ Bさんはチェックリストの（　　）に入る動詞を次のページの □ から選んで、
Aさんの準備がどのくらいできているか聞いてください。

❸ Aさんは、リストの「もう」「いま」「まだ」という指示を見て、その問いに答えて
しじ
ください。

**例** B：ビザは申請しましたか？
しんせい
A：〈もう〉　→　はい、もう申請してあります。
〈いま〉　→　はい、いま申請しています。
〈まだ〉　→　いいえ、まだ申請していません。

［チェックリスト］

| | 準備すること | もう | いま | まだ |
|---|---|---|---|---|
| 例 | ビザを（　　　　　　申請する　　　　　　　） | ○ | | |
| (1) | ホテルを（　　　　　　　　　　　　　　） | ○ | | |
| (2) | 円を元に（　　　　　　　　　　　　　） | | | ○ |
| (3) | 中国のガイドブックを（　　　　　　　） | ○ | | |
| (4) | 簡単な中国語の会話を（　　　　　　　） | | ○ | |
| (5) | 友人の葉さんに手紙を（　　　　　　　） | | ○ | |
| (6) | 葉さんにおみやげを（　　　　　　　　） | | | ○ |
| (7) | 海外旅行保険に（　　　　　　　　　　） | | | ○ |
| (8) | ビデオ・カメラの使い方を兄から（　　） | | ○ | |

| (9) | 旅行の日程を家族に（　　　　　　　　　　　） | | | ○ |
|---|---|---|---|---|
| (10) | 日本大使館の電話番号を（　　　　　　　　　　） | ○ | | |
| (11) | その他（　　　　　　　　　　　　　　　　　） | | | |

**動詞群**

申請する　　メモする　　予約する　　勉強する　　換える　　借りる
話す（言う）　　入る　　買う　　書く　　読む　　教えてもらう（習う）

**2.** ［引っ越し準備チェックリスト］

引っ越しする時にもいろいろな準備が必要です。引っ越し先のアパートと引っ越しの日程はもう決まっていますが、他にどんな準備が必要でしょうか。次のページのチェックリストを使い、「引っ越し」をするときのチェックリストを作ってみましょう。

**やり方**

❶ 2つのグループに分かれます。

❷ グループで話し合って、チェックリストの項目をできるだけ多く書いてください。項目は「〜に電話する」のように、動詞の**辞書形**で書きます。

❸ 各グループで順番に一人ずつ、自分たちのチェックリストを使って、相手のグループに、「**〜は〜ましたか**」と聞いていきます。

❹ 答えるほうは、その項目が自分たちのチェックリストにあれば、「**はい、もう〜てあります**」と答え、なければ「**いいえ、まだ〜ていません**」と答えます。

❺ 相手の答えが「**はい**」の時は、両方のグループの**ポイント**になります。どちらのグループの人も、チェックリストの「ポイント」の欄に○をします。

❻ 相手の答えが「**いいえ**」の時は、相手グループが「**どうしてその準備が必要ですか**」と聞き返します。その項目がなぜ必要かをうまく説明できれば、そのグループのポイントになりますので、そのグループの人は「ポイント」欄に○をします。

❼ 両方の全部の項目の質問が終わった時に、ポイントが多いほうのグループが勝ちです。

［チェックリスト］

| | 準備すること | ポイント |
|---|---|---|
| 例 | 運送屋に電話をする<br><small>うんそう や</small> | |
| (1) | | |
| (2) | | |
| (3) | | |
| (4) | | |
| (5) | | |
| (6) | | |
| (7) | | |
| (8) | | |
| (9) | | |
| (10) | | |
| (11) | | |

# 鍵はかけておきました

동사・て형의 응용 (3) ～ておく

✔️ イラストによる文法確認

**1** ゴミはもう出しておきました。

**2** 布団をしいておきましょうか／
もう、しいてありましたよ。

**3** 僕のことはほっといてください。

〔 応答バリエーション 〕

**1.** ここに書いてある数字、まちがっていませんか。(p. 22)

a) 申し訳ありません。すぐに直しておきます。

b) すぐ、確認いたします。

c) そんなはずはないんですが。もう一度、見ていただけませんか。

d) すみません。何度もチェックしたんですが……。

**2. 欠席した人に誰が連絡する？** (p. 23)

a) チョウさんには、ぼくが電話しとくよ。（M）

b) 武井さんには、私がＥメールしておきます。

c) 私がファックスしとくわ。

d) 君から全員に連絡してくれないか。

**3. もうすぐサッカーの試合が始まるよ。**（M）(p. 21)

a) 今のうちに、トイレに行っておくわ。（F）

b) 電話がかかるとイヤだから、留守電にしておこう。

c) 出かけるから、ビデオにとっておいて。

d) どっちが勝つでしょうね。

{ 内容質問 }

(1) 鈴木さんの家で昨日何がありましたか。

(2) 鈴木さんは入口の鍵はどのようにしておきましたか。

(3) 窓はどのようにしておきましたか。

(4) 何かなくなりましたか。

(5) 鈴木さんはお金をどこに入れておきましたか。

{ 文法確認ドリル }

**1. 例のように、線で結んでください。**

例 もう子供じゃないんだから　　　　　・ ・ a. ケーキを食べないでおこう。

(1) 映画が始まる前に　　　　　・ ・ b. ハンガーにかけておいてね。

(2) もうすぐ晩御飯だから　　　　　・ ・ c. もう少し置いておこう。

(3) 上着をぬいだら　　　　　・ ・ d. 洗っておいてください。

(4) お皿を使ったら　　　　　・ ・ e. 僕のことはほっといてください。

(5) メロンはまだあまくなっていないから ・ ・ f. トイレに行っておこう。

**2.** 次の会話の（　　）の中の動詞を「〜ておく」の適当な形にしてください。

(1) 恵子：今日はゴミを出す日なの。

　　和夫：もう（出す →　　　　　　　　）よ。

(2) 和夫：だいぶ 暖 かくなってきたね。

　　恵子：冬の服はもう（しまう →　　　　　　　　　）ましょうか。

(3) 和夫：昨日着た青いシャツ、どこにある？

　　恵子：ああ、あれなら（洗濯する →　　　　　　　）わ。

(4) 恵子：この秋は、いっしょに 京 都に旅行したいわね。

　　和夫：うん、じゃあ、早めに（予約する →　　　　　　）う。

(5) 恵子：最近、お酒の飲み過ぎじゃないの。

　　和夫：そうかもしれないな。今日は（飲まない →　　　　　　　）う。


**3.** （　　）の中に、「おく」か「ある」の適当な形を書いてください。

(1) おかあさん：宿 題はもうやったの？

　　たろう　　：うん、もう、やって（①　　　　　　）よ。

　　　　　　　　ううん、あとで、やって（②　　　　　　）よ。

(2) 部長：ここに書いて（③　　　　　）数字、まちがってないかな。

　　秘書：すみません。すぐ直して（④　　　　　）ます。

(3) 和夫：暖かくなったので、コートはもういらないよ。

　　恵子：もちろんよ。先週、しまって（⑤　　　　　）わ。

(4) 坂元　：日本語能 力 試験の申し込みはもう、して（⑥　　　　　）ますか。

　　ラン　：はい、昨日、して（⑦　　　　　）ました。

　　ジョン：はい、もうして（⑧　　　　　）ます。

　　サハ　：まだです。これからすぐにして（⑨　　　　　）ます。

(5) 隆：悪いけど、明日の4時間目の授業、代返して（⑩　　　　　）くれないか。

　　宏：オーケー。

## タスク① みんなですき焼きパーティー！

日本の代表的な料理のひとつの「すき焼き」を作ってみましょう！

### 材料

- すき焼き用牛肉、しらたき、焼き豆腐（普通の豆腐でもよい）、長ねぎ、しいたけ、牛のあぶら
- 他に、はくさい、しゅんぎく、えのきだけなど、好きな野菜を入れてもよい。
- 分量は食べる人の好みにあわせてよい（肉が好きなら、肉を多くする、など）。

### 料理する前の準備

例のように（　　　）の中の動詞を「〜ておく」の形にしてください。

❶ しらたきを食べやすいように、（ 例 切る → 切っておく ）。

❷ 焼き豆腐、長ねぎ、他の野菜も、適当な大きさに（切る → ＿＿＿＿＿＿）。

❸ しいたけは、軸をとり、（洗う → ＿＿＿＿＿＿）。

❹ 牛肉をお皿に（盛る → ＿＿＿＿＿＿）。

❺ こんぶとかつおぶしのだし汁を（作る → ＿＿＿＿＿＿）。

❻ だし汁にしょうゆ、みりん、日本酒を入れ、適当な味に（する → ＿＿＿＿＿）。

　　※「すき焼き用」の汁も売っている。それに、自分の好みの味をつけてもよい。

**料理の手順**

❶ コンロですき焼き鍋を熱する。熱くなったら、**牛のあぶら**を鍋にひく。

❷ はじめにちょっと**牛肉**を焼いてから、すぐだし汁を入れ、**しらたき、しいたけ、野菜、豆腐**を入れる。

❸ よく煮えたら、**牛肉**を入れる。

　・コンロであたためながら、食べるほうがおいしい。

　・一回に全部の材料を入れるのではなく、食べる分を順に入れていくほうがよい。

　・だし汁も少なくなったら、入れる。

これで、できあがり！

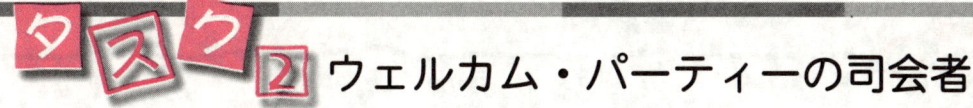

## タスク ② ウェルカム・パーティーの司会者

あなた方は2人で、留学生会館の新入生歓迎パーティーの司会をします。プログラムは下のように決まっています。司会のあなた方が準備しておくことは何ですか。例のように、ペアになって話し合ってください。

---

# ウェルカム・パーティー

**とき**：20××年10月××日　午後7時から

**ところ**：留学生会館 集会室

### 【プログラム】

1. 開会のことば（司会者）
2. 新入生の紹介（司会者）
3. 先輩留学生の歓迎のあいさつ
4. 留学生指導の先生のあいさつ
5. 乾杯（留学生会館長）
6. タイの留学生の踊り
7. 韓国の留学生の民族楽器演奏
8. アメリカの留学生の民謡独唱
9. 閉会のあいさつ（司会者）

---

例　A：私たちのうちのどちらが「開会のあいさつ」をしましょうか。
　　B：そうですね。コインで決めておきましょう。
　　A：新入生の名前をメモしておきましょう。
　　B：それから、踊りや演奏の説明も考えておかなければなりませんね。

---

ヒント

全体の時間配分、先生や先輩にあいさつを頼むこと、紹介や説明のことばの原稿を作ること、など。

# 남성어와 여성어

전세계에는 여러 언어가 있는데, 그 중에서도 일본어는 남성어와 여성어의 차이가 크다.

공식적인 표현인 「です・ます」체에서는 남녀 표현의 차이가 별로 없다. 하지만 일상회화에서는 「あら、それ誰の？(어, 그거 누구꺼니?)」「君のじゃないか(네꺼 아냐?)」「私のじゃないわよ(내꺼 아니야)」처럼 짧은 회화에서도 남성어와 여성어의 쓰임법이 확실히 구분된다.

가령, 「あら(어머)」는 여성이 쓰는 감탄사로서 남성은 쓰지 않는다. 「君(자네)」는 상대방을 가리키는 남성의 일상적인 표현으로, 손윗사람에게는 사용할 수 없다. 또한 친근한 사람에게도 사용하기 때문에 이 표현으로 친밀함의 정도를 가늠할 수 있다. 「わよ(~요)」는 여성 특유의 종조사인데 이러한 종조사도 남성어와 여성어를 구분짓는 중요한 요소이다.

이러한 쓰임의 차이에는 일본의 사회적인 배경이 있다. 최근에는 여성이 사회로 진출함에 따라 공적인 장소에서는 여성어가 사라지는 경향이 있지만, 일상회화에서는 아직까지 여성어가 남아 있기 때문에 텔레비전 드라마를 볼 때나 일본인과 교류할 때, 이런 쓰임법을 알아두면 유용할 것이다.

이런 점에서 많은 일본어 교재가 「です・ます」를 중심으로 구성되어 있는 데 반해, 『会話のにほんご』에서는 1과부터 일상적인 표현을 다루고 있다. 동사의 「て형」을 갓 학습한 초급 단계부터 일상표현을 몸에 익히면서 남성어・여성어의 사용법을 학습하는 것이 낫다고 생각하기 때문이다.

제1과에서는 上田 씨와 武井라는 여직원이 「まだ空かないのかしら(아직 비지 않았나봐)」「まだ話しているわ(아직 얘기하고 있어요)」라고 말끝에 여성만이 사용하는 종조사를 사용하고 있는데, 종조사는 크게 다음과 같다.

남성 : ~さ, だぜ, だな, だ, ぞ, だぞ, だろう

여성 : ~の, わ, だわ, わね, わよ, かしら

제10과의 真由美와 그녀의 남자친구인 隆의 회화에서는 「わー、このマンガ面白い！(와, 이 만화 재밌네!)」라고 말하는 真由美에 비해 隆는 「僕にも読ませろよ(내게도 보여줘)」 즉 「명령형＋よ」로 꽤 강한 어조의 표현을 사용하고 있다. 이런 표현은 아무리 여성이 지위가 높더라도 사용하지 않는 표현이다. 여성이 강조해서 말하고 싶을 때는 「読ませてよ(보여 줘요)」라고 한다.

일반적으로 남성어에는 자신의 주장이나 단정을 강조하는 경향이 있는 반면, 여성어에는 주장이나 단정을 조심스럽고 부드럽게 표현하는 경향이 있다.

외국인이 일본어의 일상회화를 이해하기 위해서는 반드시 알아두어야 한다.

# 4 シャッターを押してください

동사・て형의 응용 (4) ～てください

## ✔ イラストによる文法確認

**1** 列の後ろに並んでください。
　れつ　うし　なら

**2** 靴のままあがらないでください。
　くつ

**3** どうぞ、この傘を使ってください。
　　　　　　かさ

**4** ここで写真とって。

## 【 応答バリエーション 】

**1.** ここの食事代はわりかんにしましょう。(p. 26)
　　しょくじだい

　　a) えーっ、私たちはお酒を飲んでいませんよ。

　　　その分、安くしてください。

　　b) そうですね、一人いくらですか。

　　c) 給料日くらい、おごってくれよ。（M）
　　　きゅうりょうび

　　d) 今日は私に払わせてください。
　　　　　　　　はら

**2.** すみません。ちょっと電話をお借りできますか。

　　a) どうぞ遠慮なく使ってください。

　　b) いいよ、使って！

　　c) 外線の場合は、最初に0をまわしてください。

　　d) じゃあ、テレビの音を小さくしましょう。


**3.** そのマンガ、読み終わったら見せて。(p. 29)

　　a) 少し待って。もうすぐ読み終わるから。

　　b) うん、いいよ。(M)

　　c) いいわよ。(F)

　　d) あ、ゴメン。友達から借りてるものだから……。


## ┠ 内容質問 ┨

(1) 誰にシャッターを押してもらいましたか。

(2) 何と言って頼みましたか。

(3) 写真をとるとき、何と言いましたか。

(4) 写真は何枚とりましたか。

(5) どうして、もう一枚とりましたか。


## ┠ 文法確認ドリル ┨

**1.** 例のように、(　　)の中の動詞を「～てください」の形にしてください。

> 例 7時までに (来る → 来てください)。

(1) この薬は一日に3回 (飲む →　　　　　　　　　)。

(2) すみません、つつんで、リボンを (つける →　　　　　　　　　)。

(3) さあ、とりますよ。(笑う →　　　　　　　　　)。

(4) ちょっと高いですね。安く (する →　　　　　　　　　)。

(5) 「社外秘」ですから、他の会社の人には (見せない →　　　　　　　　　)。

**2.** 次の(1)〜(5)は、美術館のマナーです。下の ☐ の中から適当な動詞を選んで、適当な形にして書いてください。

(1) 写真は＿＿＿＿＿＿＿＿＿＿ください。

(2) 絵に＿＿＿＿＿＿＿＿＿＿ください。

(3) たばこは喫煙所で＿＿＿＿＿＿＿＿＿＿ください。

(4) 美術館の中でお菓子を＿＿＿＿＿＿＿＿＿＿ください。

(5) 大きい荷物はロッカーに＿＿＿＿＿＿＿＿＿＿ください。

> 吸う　入れる　とる　さわる　食べる

**3.** 木村さんの家に山田さんが遊びに来ました。下のa)〜e)の中から適当なものを選んで(　)の中に入れてください。

〔ピンポーン♪♪〕

木村：どちらさまですか。

山田：山田です。

木村：あっ、山田さん。(①　　　　　)。

山田：おじゃまします。

山田：(②　　　　　)。

木村：すいません。どうもありがとうございます。

木村：(③　　　　　)。

山田：はい、じゃあ失礼します。

山田：すみません。ちょっと電話をお借りできますか。

木村：(④　　　　　)。

山田：(⑤　　　　　)。

木村：今度は、ぜひ奥様といっしょに遊びに来てください。

> a) どうぞ、ご遠慮なく使ってください。
>
> b) じゃ、これで失礼します。
>
> c) どうぞ、楽にしてください。
>
> d) これ、つまらないものですが、どうぞ、召し上がってください。
>
> e) どうぞ、あがってください。

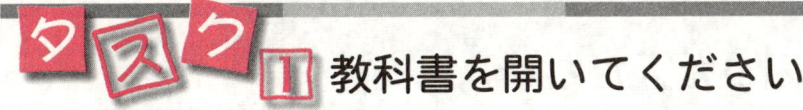

## タスク ① 教科書を開いてください

　ある授業時間の 教室内の様子です。それぞれ、先生、学生の役になって練習してみましょう。（　　）の動詞は、「〜てください／〜て」の形に直してください。

---

先生　　：では、教科書の50ページを（例 開く → 開いてください）。

　　　　　　さん、（読む → ＿＿＿＿＿＿＿＿＿＿）。

学生A：はい。……。

先生　　：ちょっと声が小さいですね。

　　　　　もっと大きな声を（出す → ＿＿＿＿＿＿＿＿＿＿）。

学生B：ねえねえ、　　さん。それ何？

学生C：あっ、これ？ 恋人の写真よ。

学生B：へえーっ、ちょっと（見せる → ＿＿＿＿＿＿＿＿＿＿）。

学生C：だめよ。授業中でしょ。後に（する → ＿＿＿＿＿＿＿＿＿＿）。

学生B：いいじゃん。少しなら。（見せる → ＿＿＿＿＿＿＿＿＿＿）よ。

先生　　：　　さん！ 授業中ですよ。（おしゃべりしない → ＿＿＿＿＿＿＿＿＿＿）。

---

　教室でのいろいろな場面を想像しながら、他の会話も練習してみましょう。

第4課 [41]

## タスク ② 困った人たち（1）

　あなたの近くに迷惑なことをする人たちがいます。絵を見ながら「〜てください」「〜ないでください」を使って、そういう人たちに注意してみましょう。ペアに分かれて、例のように、注意する人と注意される人になって話してください。

例

A：すみませんが、夜中はカラオケはやめてください。

B：あっ、うるさかったですか。ごめんなさい。

1.

A：_____

B：_____

2.

A：_____

B：_____

3.

A：_____

B：_____

4.

A：_____

B：_____

5.

A：_____

B：_____

# 5 今日中にやってしまいます

동사・て형의 응용 (5) ~てしまう

## ☑️ イラストによる文法確認

1 レポートは昨日もう書いてしまいました。

2 大切な本にコーヒーをこぼしてしまった。

3 電話だとわかっていても、ついお辞儀してしまうんです。

4 ああ、バスが行っちゃった。

---

## ﹇ 応答バリエーション ﹈─────────

**1.** ごめん、遅くなって。(p. 32)

a) 本当に遅いわよ。映画が始まってしまうわ。（F）

b) もう待ちくたびれちゃった。

c) 気にしないで。

d) 大丈夫よ。私も今来たところなの。（F）

**2.** （タクシー会社へ電話で）

すみません。タクシーの中にカバンを忘れてしまったんですが。(p. 33)

a) どんなカバンですか。タクシーのナンバーはわかりますか。

b) それは何日の何時ごろですか。

c) 中に何が入っていましたか。

d) どこからお乗りになりましたか。

**3.** あっ、いけない！ 花瓶を壊しちゃった。(p. 35)

a) たいへんだ、それ、社長が大事にしている花瓶だよ。(M)

b) 困ったな。(M)

c) しょうがないわね。(F)／しょうがないな。(M)

d) いいよいいよ、安物だから。(M)

## ⌈ 内容質問 ⌋

(1) 鈴木さんは、どうして忙しいのですか。

(2) 鈴木さんは、それをいつまでにしなければなりませんか。

(3) 鈴木さんは、あしたどこへ行くつもりですか。

(4) 鈴木さんは、どうして今日残業しますか。

(5) 鈴木さんは、いつも仕事を早くやってしまいますか。

## ⌈ 文法確認ドリル ⌋

**1.** 例のように、（　　）の中の動詞を「～てしまう」の適当な形にしてください。

> 例　パーティーは1時間前に（終わる → 終わってしまい）ました。

(1) A：映画を見に行くんですか。レポートは大丈夫ですか。

　　B：ええ、昨日もう（書く →　　　　　　）ました。

(2) A：この雑誌、面白かったですよ。貸してあげましょうか。

　　B：ありがとうございます。でも、その雑誌は先月（読む →　　　　　　）ました。

(3) A：元気がないですね。どうしたんですか。

B：朝寝坊して、（遅刻する →　　　　　）ました。

(4) A：松葉杖を使っているんですか。

B：ええ、スキーで足を（骨折する →　　　　　）んです。

(5) A：今日から、オフィスでは禁煙になったんですよ。

B：すみません。禁煙だとわかっていても、ついたばこを（吸う →　　　　　）んです。

**2.** 例のように、下の　□　の中から動詞を選んで、「～ちゃう」というカジュアルな形にして、書いてください。

> 例 A：ダイエットしているの？
>
> B：うん。3キロも（太っちゃった）の。

(1) A：顔色、悪いよ。

B：うん、昨日の晩、ウイスキーを（　　　　　）んだ。

(2) A：宝くじ、どうだった。

B：だめ、また、（　　　　　）。

(3) A：とりますよ。はい、チーズ！

B：あっ、目を（　　　　　）。もう一枚お願いします。

(4) あっ、急いで。ああ、バスが（　　　　　）。

(5) 〔ガチャン！！〕あっ。また、お皿を（　　　　　）。

> 行く　つぶる　割る　太る例　飲みすぎる　はずれる

**3.** 山田さんは夜ふかししたために、次の日にいろいろ失敗をしてしまいました。（　　）の中の動詞を「～てしまう」の形にして書いてください。

「前の晩、3時までビデオを見ていたので、（寝坊する →　　　　　）って、会社には（遅刻する →　　　　　）し、あまり急いだので、書類を家に（忘れる →　　　　　）し、

走って会社に行ったので、途中で財布を落とす →　　　　　）し、仕事が終わらず、残業したので、終電に（乗り遅れる →　　　　　）し……。

ああ、二度と夜ふかしはしないぞ。」

# タスク 性格診断テスト

あなたはどんなタイプの性格でしょうか。「START」から始めて、最後まで進んでみましょう。進む時には（　　）内の動詞を例のように「〜てしまう」の形に変え、「Yes」なら右に、「No」なら下に進んでください。さあ、あなたの性格がわかりますよ。

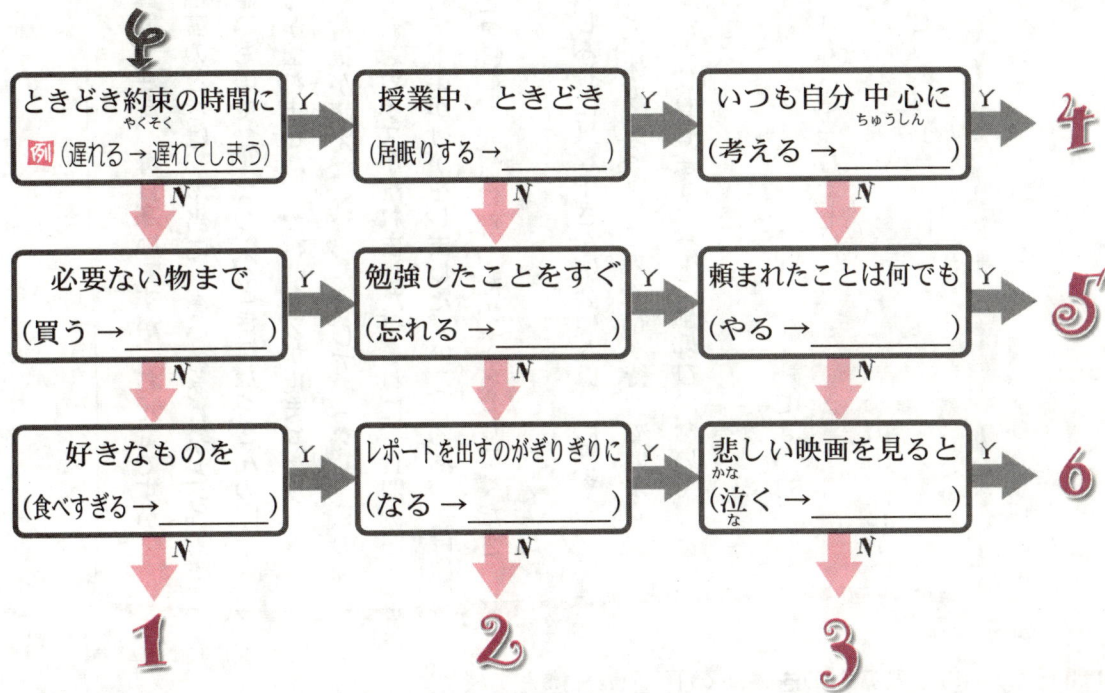

【あなたの性格】

| 番号 | 性格 | 番号 | 性格 |
|---|---|---|---|
| 1 | あなたは自己管理がしっかりできます。リーダーとして活躍するでしょう。 | 4 | あなたは自分に正直な人です。ただし、周りの人のことも大切にしましょう。 |
| 2 | あなたは真面目で勉強家です。でも、何事もやりすぎに注意しましょう。 | 5 | あなたはユニークな人です。友達も多いでしょう。でも、無理は禁物です。 |
| 3 | あなたは一見クールですが、自分に甘いところもあります。友達を大切に。 | 6 | あなたは繊細でやさしい人です。しかし、時には合理的に考えることも必要です。 |

神戸では1995年1月に大地震がありました。その神戸に住んでいる花子さんから、東京の友人、真理子さんにお礼の手紙がきました。手紙を読んで問題に答えてください。

真理子さん、毎日寒いですが、お元気ですか。

地震のときは、本当にいろいろありがとう。早いもので（①）。あのときはたくさんの家やビルが壊れました。それにガスが止まったり、水道や電気が使えなくなったりして、（②）。私の家でも窓ガラスが割れました。それに、食器棚が倒れて、弟がけがをしました。いろいろあったけれど（③）、元気になったので安心してください。

久しぶりに真理子さんに会いたいなあ。やっと（④）春休みには遊びに来てね。待っています。（⑤）風邪ひかないでくださいね。

さようなら

一九九六年一月十七日

山田　花子

小池　真理子　様

【問1】①～⑤に入るものを、下の □ から選んでください。

a. 今は生活も普通にもどり　　b. 寒い日がつづくので　　c. 本当にうれしかったです
d. あれから一年経ちました　　e. 家もかたづいたので　　f. 本当に大変でした

【問2】手紙の中で、例のように「～てしまう」に変えられる動詞を5つ探してください。

例　「壊れました」→「壊れてしまいました」

(1)「　　　　　」→「　　　　　　　　　」　　(2)「　　　　　」→「　　　　　　　　　」
(3)「　　　　　」→「　　　　　　　　　」　　(4)「　　　　　」→「　　　　　　　　　」
(5)「　　　　　」→「　　　　　　　　　」

# 救急車を呼んできます

동사·て형의 응용 (6) ～てくる·～ていく

## ☑ イラストによる文法確認

**1** 出社前にシャンプーして
しゅっしゃまえ
いきます。

**2** あの車、ずいぶんとばして
いきますね。

**3** お弁当を買ってきます。
べんとう

**4** これからぐんぐん寒くなって
いきますね。

┫ 応答バリエーション ┣━━━━━━━━━━━━━

**1.** どこへ行くの？（p. 40）

a) ちょっとたばこを買ってくるよ。（M）

b) ちょっとそこまで。

c) ちょっと郵便局まで行ってきます。

d) 出張で名古屋へ行くんです。
しゅっちょう

**2.** どうしますか。地下鉄に乗りますか。(p. 39)

    a) 駅一つだから、歩いていきましょう。

    b) そうですね。

    c) JRのほうが近いですよ。

    d) そのほうが早いですね。

**3.** もしもし、何か買っていくものありますか。(p. 38)

    a) ビールがないので、買ってきてください。

    b) 申し訳ないけど、何か食べるものお願いします。

    c) あなたが好きなもの、買ってきて。（Ｆ）

    d) いえ、特にないわ。（Ｆ）

## 内容質問

(1) 何が起きましたか。

(2) 車のスピードはどうでしたか。

    a) ゆっくり走っていた。

    b) あまりスピードを出していなかった。

    c) スピードを出していた。

(3) 車はどうなりましたか。

(4) 事故を見ていた人は何をしましたか。

(5) 救急車は何分くらいで来ますか。

## 文法確認ドリル

**1.** 例のように、（　　　）の中に、「いく」か「くる」を適当な形にして、書いてください。

> 例　Ａ：今日は楽しかったです。
>
> 　　Ｂ：今度はお子さんもいっしょに連れて（きて）ください。

(1) Ａ：キムさん、お茶飲みに行きませんか。

B：ええ、いいですね。ミゲルさんも誘って（　　　）ましょう。

(2) A：ロジャーさん、宿題を出してください。

B：あっ、家に忘れて（　　　）ちゃった。

(3) A：社長の来週のスケジュール、わかりますか。

B：いいえ。秘書の鈴木さんに聞いて（　　　）ます。

(4) A：働く女性が増えて（　　　）ましたね。

B：ええ、これからはもっと増えて（　　　）と思いますよ。

(5) A：つかれちゃった。

B：じゃあ、タクシーに乗って（　　　）ましょう。


**2.** 例のように、下の□□の中の動詞を「〜てくる」「〜ていく」のカジュアルな形にして（　　　）に入れ、和夫さんにいろいろ用事を頼んでみましょう。

和夫：ちょっとたばこを買ってくる。

息子：ついでに、この手紙を（例 出してきて）。

和夫：いいよ。

息子：それから、ベランダに置いてある粗大ゴミを（①　　　　　　）。

和夫：わかった。

息子：あっ、そうそう。クリーニングができているわ。ついでに（②　　　　　　）。

和夫：うん。預かり証は？

息子：はいっ、これ。それから本屋さんで、この雑誌の今月号（③　　　　　　）。

和夫：はい、はい。

息子：悪いけど、ついでにポチも散歩に（④　　　　　　）。

和夫：えー！しょうがない。じゃあ、行ってくるよ。

息子：行ってらっしゃい。7時に夕飯だから、それまでに（⑤　　　　　　）ね。

> 連れる　買う　取る　帰る　持つ　出す 例

**3.** 例のように、次の文の（　　　）の中に、「ている」「てある」「ておく」「てください」「てしまう（ちゃう）」「てくる」「ていく」の中から適当なものを選んで、適当な形にして書いてください。

例　A：今度は「すばる」を歌おうかな。

　　B：さっきから君ばかり歌っ（ている）じゃないか。

(1) A：専門は何ですか。

　　B：物理学を勉強し（　　　　　　　）。

(2) A：今日は先生が家にいらっしゃるのよ。

　　B：そうか。それじゃ、家をきれいにし（　　　　　　　）う。

(3) A：いっしょに食事しない？

　　B：あっ、ごめん。さっき食べ（　　　　　　　）んだ。

(4) A：最近、禁煙の場所が増え（　　　　　　　）ね。

　　B：ええ、たばこを吸う人は、だんだん減っ（　　　　　　　）んでしょうね。

(5) A　　　　　　　　：すみません。そこの角を右にまがっ（　　　　　　　）。

　　タクシーの運転手：次の角ですね。わかりました。

(6) A：デビッドさん、遅いですね。

　　B：そうですね。ちょっと電話し（　　　　　　　）ね。

(7) A：奥さんは転勤のこと知っているんですか。

　　B：ええ、妻にはもう話し（　　　　　　　）。

(8) A：ゴミは違う日に出さない（　　　　　　　）。

　　B：すみません。

(9) A：また、二日酔いですか。

　　B：ええ、つい飲みすぎ（　　　　　　　）んです。

(10) A：あーっ、おなかがすいた。今、何時ごろですか。

　　B：もう12時過ぎ（　　　　　　　）よ。

## タスク ① 世の中は変わっていく

1. 次のグラフは日本社会の何の変化を表しているでしょう。下の□□から1つずつ選んでください。

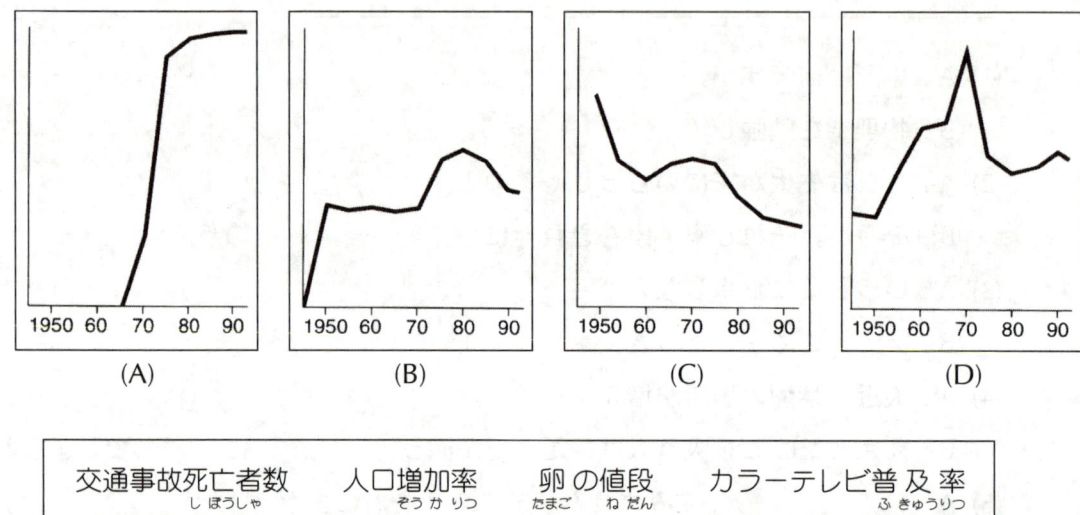

| | | | |
|---|---|---|---|
| (A) | (B) | (C) | (D) |

交通事故死亡者数　　人口増加率　　卵の値段　　カラーテレビ普及率
　し ぼうしゃ　　　　ぞう か りつ　　　たまご　ね だん　　　　　　　　ふ きゅうりつ

2. グラフを見ながら、例のように「～てきました」「～ていきました」「～ていくでしょう」を使い、ペアで話し合ってみましょう。

例　A：～は1970年までは増えていきましたが、それ以後は減ってきましたね。
　　　　　　　　　　ふ　　　　　　　　　　　い ご　へ
　　B：そうですね。これからも減っていくでしょうね。

[54]

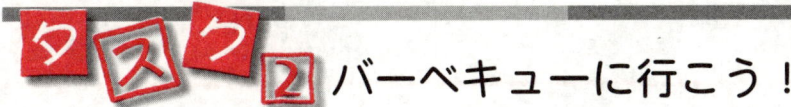 **バーベキューに行こう！**

　今度の日曜日、みんなでバーベキューに行くことになりました。相談して持ち物を分担しましょう。

### やり方

❶ 4〜5人のグループになり、まずリーダーを決めます。

❷ リーダーは絵カードを裏返しにして、1枚ずつグループのみんなに配ってください(リーダー自身も)。

❸ 配られたカードを見て、自分が持っていないものだったり、持てそうもないものだったら、他の人と交換してください。

> 例 「○○さん、私はコンロを持っていないので持ってきてくれませんか。かわりに私が調味料を持っていきますから。」

❹ 絵カードのほかに何か必要なものがあったら、それも分担して持っていきましょう。

❺ 全員何を持っていくか決まったら、リーダーは分担表に記入します。

◆ 持ち物分担表

| 名前 | 持ち物 | 数量 | 名前 | 手持ち物 | 数量 |
|---|---|---|---|---|---|
|  |  |  |  |  |  |
|  |  |  |  |  |  |
|  |  |  |  |  |  |

◆ 絵カード

| | | |
|---|---|---|
| テント | コンロ | 炭<br>すみ |
| ライター | 軍手<br>ぐんて | 新聞紙 |
| 皿／コップ | 箸／ナイフ／フォーク<br>はし | 肉 |
| 野菜 | 調味料<br>ちょうみりょう | シート |

# 7 ワインは冷やしてあるわ

자동사 / 타동사

✔ イラストによる文法確認

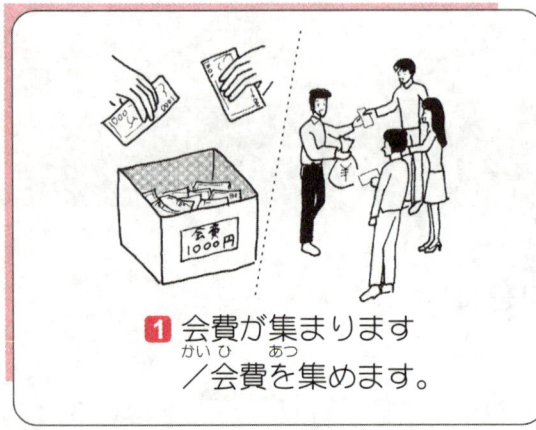

**1** 会費が集まります
　　／会費を集めます。

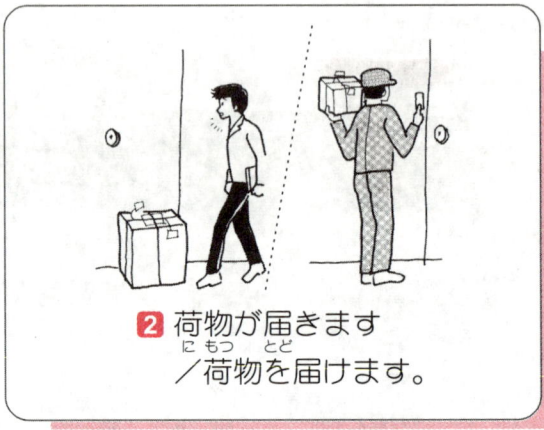

**2** 荷物が届きます
　　／荷物を届けます。

**3** 車が壊れました
　　／車を壊しました。

**4** 紙飛行機がぜんぜん飛びません
　　／紙飛行機を飛ばしましょう。

**5** もう帰ります
　　／もう帰してください。

**6** 乗客が降ります
　　／荷物を降ろします。

**1.** これは大切な本なので、汚さないでね。(p. 45)

    a) でも、もうここが汚れてるよ。(M)

    b) わかった。気をつけるよ。(M)

    c) ええ、汚さないように注意するわ。(F)

    d) じゃ、借りるのやめとくよ。(M)

**2.** 今日から、社内では禁煙に決まりました。(p. 44)

    a) ええっ、誰が決めたんですか。

    b) やっと、決まったんですね。

    c) いつ、決まったんですか。

    d) それはよかったですね。

**3.** けがは治りましたか。(p. 46)

    a) 治すために、毎日リハビリしています。

    b) おかげさまで、すっかり治りました。

    c) だいぶよくなりましたが、まだ少し痛むんですよ。

    d) うーん、それがなかなか……(治らないんです)。

(1) 今日の夕飯は何ですか。

(2) 飲み物は何ですか。

(3) ご飯は炊けていますか。

(4) 恵子さんは食事の準備で何をしておきましたか。

    a) _____

    b) _____

    c) _____

(5) 今日は何の日ですか。

**1.** 例のように、次の文の中の動詞の辞書形を書き、自動詞か他動詞に分けてください。
<small>じしょけい</small> <small>じどうし たどうし わ</small>

〈힌트! こんなルールがあります〉

① 語の終わりが「-su」で終わる動詞は全部他動詞。
<small>お</small>

② 語の終わりが「-eru」で終わる動詞は他動詞が多い。（例外もある）
<small>れいがい</small>

③ 他動詞は「～を」という目的語をとる。

（辞書形）

例 上田さんが忘年会の会費を集めました。 → ___集める___
<small>ぼうねんかい</small>

いくら会費が集まりましたか。 → ___集まる___

(1) 乾燥機で洗濯物を乾かしましょうか。 → _____
<small>かんそうき せんたくもの かわ</small>

もう乾いていますよ。 → _____

(2) 書類がまだ届いていません。 → _____
<small>しょるい</small>

明日、必ず届けます。 → _____
<small>かなら</small>

(3) この冬のボーナスの額が決まりました。 → _____
<small>がく</small>

いつも社長がひとりで決めるんです。 → _____

(4) すみません、降ります。 → _____

すみません、降ろしてください。 → _____

(5) あちらの席に移りましょう。 → _____
<small>うつ</small>

席を移しましょう。 → _____

| ┌── 自動詞 ──────┐ | ┌── 他動詞 ──────┐ |
|---|---|
| 集まる | 集める |

**2.** 例のように、（　）の中に、次ページの □ の中の自動詞・他動詞のペアを適当な

形にして入れてください。

例 A：最近、世界の切手を（集めて）いるんです。

B：へーっ、何枚くらい（集まり）ましたか。

(1) A：窓が（　　　　　）いて、寒いんですけど……。

B：すみません。空気交換のため、（　　　　　　）あるんです。
こうかん

(2) A：あーあ、おもちゃが（　　　　　　）ちゃった！

B：ごめん、でも、わざと（　　　　　）たんじゃないよ。

(3) A：最近、そちらの会社、社員の数が（　　　　）ましたね。

B：ええ、リストラで社員を（　　　　）いるんです。

(4) A：ケーキ、私の分、（　　　　）おいてね。

B：大丈夫よ。まだたくさん（　　　　）いるから。

(5) A：おや、その自転車、（　　　　　）ちゃったのか？

B：違うよ。はじめから（　　　　）ていたんだよ。

(6) A：すみません。お借りしたタオル、こんなに（　　　　）ちゃって。

B：かまいませんよ。（　　　　　）たら、洗えばいいんですから。

(7) A：週末のパーティー、かぜが（　　　　）たら、ぜひ来てね。
しゅうまつ

B：うん。それまでにかぜを（　　　　）とくわ。

(8) A：このビール、まだあまり（　　　　）ないみたいですね。

B：ほんとだ。もうちょっと（　　　　）おいたほうがいいですね。

(9) A：明日の朝、何時に（　　　）ますか。

B：7時かな。もし（　　　　）てなかったら、（　　　　）てくださいね。

(10) お金って、（　　　　　）ないと、（　　　　　）ないものだなあ。

---

集まる／集める例　　減る／減らす　　起きる／起こす　　壊れる／壊す

残る／残す　　開く／開ける　　汚れる／汚す　　治る／治す
のこ

冷える／冷やす　　貯まる／貯める　　倒れる／倒す
ひ　　　　　　　　　た　　　　　　　たお

# タスク ① 自動詞／他動詞

例にならって、会話をしてください。(　　)には、適当な動詞を入れてください。

> 例　A：荷物がまだ(<u>届い</u>)てないんですけど。
>
> 　　B：あっ, 申し訳ございません。至急、お届けします。
> 　　　　　　　もう　わけ　　　　　　　　しきゅう

1. A：お食事はもう(　　　　　　)ましたか。

   B：ええ、さっき喫茶店で軽く済ませました。
   　　　　　　　きっさてん　　　す

2. A：武井さん、おはよう。あっ、今朝来たら窓が
   　　　　　　　　　　　　　　　　けさ
   　　開いてたよ。気をつけてね。

   B：えっ、そうですか? おかしいな。私は閉めましたから、

   　　後でだれかが(　　　　　　)たのかなあ。

3. A：お金をコツコツためることだけが、

   　　私の楽しみなのよ。

   B：そうなの。じゃあ、もうかなり(　　　　　　)たでしょう。

4. A：あっ、あそこに電柱が(　　　　　　)ているよ。危ないね。
   　　　　　　　　　　でんちゅう　　　　　　　　　　　　あぶ
   B：うん。向こうにグチャグチャの車があるから、

   　　あの車が倒したんだよ、きっと。

5. A：悟、お兄ちゃん起こしてきて。
   　　さとる
   B：えーっ、いやだな。だってお兄ちゃん、いつも

   　　なかなか(　　　　　　)ないんだもん。

# タスク ② マンガで学ぼう

次のそれぞれのマンガのセリフの中の＿＿＿に、下の〔　　〕の動詞のうち適当なほうを選び、正しい形にして入れてください。

## 1.「作戦」

女：あら、すてきな人。

男：あっ、ハンカチが
＿＿＿＿＿＿よ。

女：よし、ハンカチを
＿＿＿＿＿＿ぞ。

女：あれっ、もういない。

〔 落ちる
　 落とす 〕

## 2.「母は賢い」

母：勉強したの？
子：やったやった。

母：ホント？
子：ホントホント。

子：あっ。
母：あら、＿＿＿＿＿＿
ちゃった。

子：おかあさんが
＿＿＿＿＿＿たんだろ！
母：さあね。

〔 消える
　 消す 〕

## 3.「お皿が…」

ウェイター : あっ。

ウェイター : すみません。
お皿が ＿＿＿＿ ちゃ
いました。
マスター : ＿＿＿＿ たん
じゃなくて、＿＿＿
たんだろ！

ウェイター : ハ、ハイ
……。

ウェイター : どうせおこ
られるんだから
＿＿＿＿ ちゃえ！

⌈ 割れる ⌉
⌊ 割る ⌋

## 4.「時間稼ぎ」

上司 : できたかね。
部下 : ハイ、いまやっ
ております。

上司 : まだかね。
部下 : もうちょっとで
す。

上司 : あとどれくらい
＿＿＿＿ んだ。
部下 : あとすこしです。

部下 : できました。
上司 : ごくろうさん。
部下 : (時間を ＿＿＿＿ れ
ば残業手当もバッ
チリ。)

⌈ かかる ⌉
⌊ かける ⌋

# 자동사와 타동사

일본어 사전에서 동사를 찾아보면 어느 사전이든 반드시 자동사와 타동사가 표시되어 있다. 가령 「出す(내다)」는 5단 타동사, 「出る(나가다)」는 하1단 자동사 하는 식이다. 그러나 일본인은 평상시 대화할 때 자동사와 타동사를 의식하고 사용하지는 않는다.

그러나 외국인의 경우 이러한 점에 주의하지 않으면 「先生、ビールはもう出てあります」처럼 의미는 이해되지만 일본인이라면 사용하지 않는 표현을 사용하는 실수를 범하게 된다. 『会話のにほんご』의 본문 회화를 자세히 보면 「자동사+いる」「타동사+ある」의 법칙이 회화 중에도 엄연히 존재하고 있음을 알게 될 것이다.

대부분의 초급 교재가 이 자동사, 타동사 항목을 다루지 않고 있으며, 설령 다룬다 해도 회화 연습 등에는 거의 다루지 않기 때문에 중급 수준으로 접어들어도 자동사·타동사 구사를 제대로 못하는 유학생이 있다.

다음 문제는 어느 해인가 중급반 레벨 테스트에서 출제했던 문제다. 다른 문법 문제는 술술 풀던 유학생의 대부분이 이 문제에서 많이 틀렸다.

● 다음 ☐ 의 동사를 적당한 형태로 바꿔 (　)를 채우시오.

留学生会館に帰って自分の部屋に入ろうとすると、ドアの鍵が (　　　　) いませんでした。朝、鍵を (　　　　) はずです。

電気を (　　　　) て、テーブルの上を見ると、本が3冊 (　　　　) てあります。

> かかる　かける　つける　つく　おく

문제의 문장은 일기체로 「です・ます」체이기 때문에 너무 간단하지 않을까 생각했는데, 의외로 「ドアの鍵がかけています」라고 하거나(이건 좀 나은 편이고) 「鍵がかけっています」와 「っ」를 넣어 「かかっています」라고 「かかる·자동사」「かける·타동사」를 섞은 형태로 답하는 등 정말 다양한 오답이 나왔다.

「電気を」가 나오면 「つけて」가 나오는 것이 당연한데 「ついて」라고 쓴 학생이 많았다. 이래서는 도저히 중급반에 들어갈 수가 없다.

문제는 초급 수준에서 이 항목을 간과했기 때문이다. 따라서 『会話のにほんご』에서는 자동사와 타동사 용법의 차이에 중점을 두려고 한다. 이 교재로 연습하면서 용법의 차이를 다시 확인해 보자.

# 8 いくらまで下ろせますか

가능형

✔️ イラストによる文法確認

1 泳げます／泳げません。
　およ

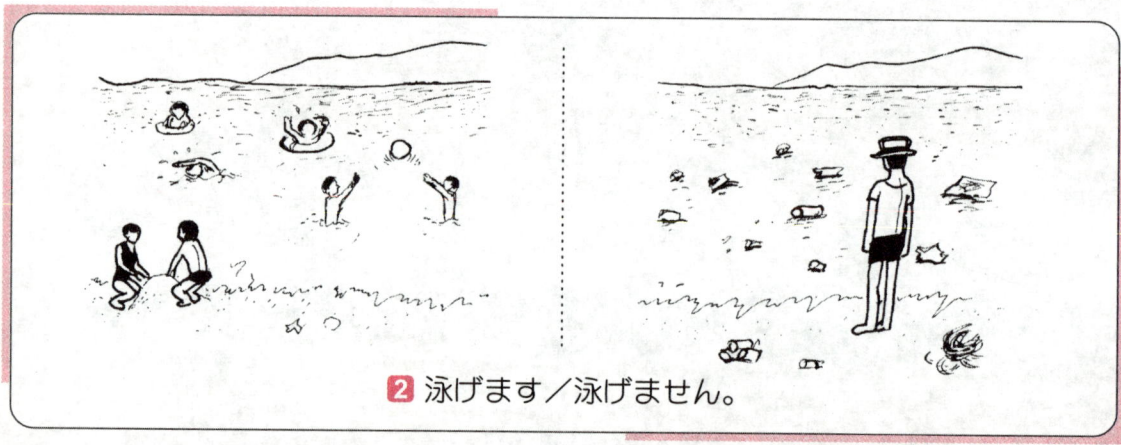

2 泳げます／泳げません。

3 泳げます／泳げません。

**1. 一曲 歌ってください。** (p. 50)
<br>いっきょくうた

   a) 日本の歌は歌えないんです。ビートルズでもいいですか。

   b) えっ、困ったな。音痴なんです。
<br>おんち

   c) えーっと、何を歌おうかな。

   d) じゃ、「すばる」を歌います。

**2. どうですか、一杯。** (p. 50)
<br>いっぱい

   a) いえ、結構です。全然飲めないんです。
<br>けっこう　ぜんぜん

   b) ありがとうございます。いただきます。

   c) 今日は、車で来たので……。

   d) じゃっ、一杯だけ。

**3. お刺し身は食べられますか。** (p. 50)
<br>さ　み

   a) いえ、なまの魚はだめです。

   b) いいえ、お刺し身はちょっと……。

   c) ええ、大好きです。

   d) ええ、やっと食べられるようになりました。

(1) 二人はどこで話していますか。

(2) リンさんは銀行に口座がありますか。
<br>ぎんこう　こうざ

(3) リンさんは何を作りたいと思っていますか。

(4) キャッシュカードで一度にいくらまで下ろすことができますか。

(5) どうやってキャッシュカードを受け取りますか。

## 文法確認ドリル

**1.** 会話を読んで、質問に答えてください。
<small>かいわ　　　　　しつもん　こた</small>

〔図書館で〕
<small>としょかん</small>

隆　：すみません。車、しばらく図書館の前にとめておいてもいいでしょうか。

館員：いえ、図書館の前は（とめる →　　　　　　）ません。

隆　：この資料をコピーしたいんですが……。

館員：貴重な資料なので、コピーは（する →　　　　　　）ません。
<small>き ちょう</small>

隆　：この部屋でたばこを（吸う →　　　　　　）ますか。
<small>す</small>

館員：いいえ、ここは禁煙ですから、喫煙コーナーで吸ってください。
<small>　　　　　　　　　きんえん　　　　　　きつえん</small>

(1) 上の会話の（　　　　）の中の動詞を可能の形にかえてください。
<small>か のう</small>

(2) 隆さんはどうして資料をコピーすることができなかったのですか。

　　→（　　　　　　　　）だったから。

(3) どこでたばこを吸うことができますか。

　　→（　　　　　　　　）で吸えます。


**2.** 下の □ の中から適当な動詞を選んで、例のように可能形を使って書いてください。

> 例　A：この保険は途中で解約できますか。
> <small>　　　　ほけん　　とちゅう　かいやく</small>
> 　　B：はい。いつでも（やめられます）が、手数料がかかります。
> <small>　　　　　　　　　　　　　　　　　て すうりょう</small>

(1) A：いっしょに泳ぎませんか。

　　B：すみません。ぼくはかなづちで、全然（　　　　　　　　）んです。

(2) A：特技は何ですか。
<small>とく ぎ</small>

　　B：英会話ができますし、ワープロも（　　　　　　　　）。
<small>えいかい わ</small>

(3) A：パラボラ・アンテナをつけたんですか。

　　B：ええ。衛星放送が（　　　　　　　　）ようになりました。
<small>えいせいほうそう</small>

(4) A：日本は自動販売機が多いですね。
<small>じ どうはんばい き</small>

　　B：ええ。自動販売機でたばこやお酒まで（　　　　　　　）んですよ。

(5) A：スピーチ、お願いします。

　　B：すみません。人前ではうまく（　　　　　）んです。
　　　　　　　ひとまえ

> やめる🔖例　　見る　　買う　　歌う　　話す
>
> 打つ　　書く　　走る　　泳ぐ　　飲む

**3.** 例のように、線で結んで文を作ってください。

例　アパートでは　　・　　　　・ア. 危険物を　　　　・　　　　・a. 飼えない。
　　　　　　　　　　　　　　　　　　　　きけんぶつ　　　　　　　　　　　　　　　か
(1) このセーターは　・　　　　・イ. 他の会社の人には　・　　　　・b. 聞けない。
(2) 20歳になるまで　・　　　　・ウ. たばこは　　　　・　　　　・c. 持ち込めない。
　　　　　　　　　　　　　　　　　　　　　　　　　　　　　　　　　も こ
(3) ぼくのラジオでは　・　　　・エ. 洗濯機で　　　　・　　　　・d. 見せられない。
(4) 社外秘なので　　・　　　　・オ. ペットは　　　　・　　　　・e. 洗えない。
(5) 飛行機には　　　・　　　　・カ. FM放送は　　　　・　　　　・f. 吸えない。
　　ひ こう き

**4.** 例のように、下の□から適当なものを選んで（　　　）に書いてください。

> 例　24時間営業ですから、（いつでも）買い物ができます。
> 　　　　　　えいぎょう

(1) 東京の生活に慣れましたから、一人で（　　　　　　）行けます。
　　とうきょう　せいかつ　 な
(2) 飲み放題ですから、（　　　　　　）飲めます。
　　　ほうだい
(3) 特に嫌いなものはありません。刺し身でも納豆でも（　　　）食べられます。
　　　　きら　　　　　　　　　　　　　　　　　　なっとう
(4) 留学生なら（　　　　　　）ここの本を借りられます。
　　りゅうがくせい
(5) 私はベッドでも布団でも電車の中でも、（　　　　　　）眠れます。

> 誰でも　　何杯でも　　どこでも　　何でも　　どこへでも　　いつでも🔖例

## タスク① 注意書きに注意！

よく見る「注意書き」の意味を知っていますか。カードを使ったゲームをしながら、確認してみましょう。

**やり方**

❶ 学習者の人数分のカードのセットを用意し、全員に「カードA」「カードB」を1枚ずつ配ります。その時、あるカードAに対応するカードBは、必ず別の人が持っているように配ってください。

❷ 最初の人は、自分の持っている**カードA**をもとに、「〜ませんか」の形を使ってほかの人を誘ってください。それに対応する**カードB**を持っている人が「**可能形**」で答えます。

❸ 次は、答えた人が自分の**カードA**をもとに、ほかの人を誘ってください。

---

**例**

◇**カードA**[このベンチにすわって話したい]をAさんは持っています。

　A：このベンチにすわり**ませんか**。

◆**カードB**[ペンキ塗りたて]を持っているBさんが答えます。

　B：（[ペンキ塗りたて]のカードを見せながら）

　　あ、そのベンチはペンキを塗ったばかりなので、**すわれません**よ。

◇ カードA

| | | |
|---|---|---|
| この店でランチを食べたい<br><br>「準備中」 | このきれいな海で泳ぎたい<br><br>「遊泳禁止」<br>ゆうえいきんし | あの芝生にすわって休みたい<br>しば ふ<br>「立入禁止」<br>たちいりきんし |
| たばこを吸いたい<br>す<br><br>「禁煙」<br>きんえん | 車でこの道を通りたい<br><br>「通行止め」<br>つうこう ど | 自転車をここに置きたい<br><br>「自転車放置禁止」<br>ほう ち きんし |
| このお寺の廊下を<br>ろう か<br>歩きたい<br>「土足厳禁」<br>ど そくげんきん | 中学生だけど、このポルノ映画を見たい<br>「18歳未満お断り」<br>み まん　ことわ | このベンチにすわって話したい<br><br>「ペンキ塗りたて」<br>ぬ |

◆ カードB

| | | |
|---|---|---|
| 準備中<br><br>（店はまだ開いていません） | 遊泳禁止<br>ゆうえいきんし<br>（ここで泳いではいけません） | 立入禁止<br>たちいりきんし<br>（芝生の中に入ってはいけません）<br>しば ふ |
| 禁煙<br>きんえん<br>（たばこを吸ってはいけません）<br>す | 通行止め<br>つうこう ど<br>（この道を通ってはいけません） | 自転車放置禁止<br>ほう ち きんし<br>（ここに自転車を置かないでください） |
| 土足厳禁<br>ど そくげんきん<br>（靴をぬいでください） | 18歳未満お断り<br>み まん　ことわ<br>（18歳になっていない人はだめです） | ペンキ塗りたて<br>ぬ<br>（ペンキを塗ったばかりです） |

# タスク ② コンビニエンス・ストア

　コンビニエンス・ストア(コンビニ)はとても便利です。コンビニで何ができて何ができないか、確認してみましょう。

## やり方

❶ ペアに分かれて、**カード**を順番にひいていきます。カードをひいた人が「**お客さん**」で、相手の人が「**コンビニの店員**」です。

❷ お客さんは「**可能形**」を使って、カードの内容ができるかどうか聞いてください。

❸ コンビニの店員は、下の絵や写真を見ながら、お客さんの要望が「できるか、できないか」をはっきりと答えてください。

---

例 ◇カード[**あたたかいお弁当が食べたい**]をひいた場合

　A：お弁当を**あたためられますか**。

　B：ええ、**あたためられます**よ。レンジであたためますので、しばらくお待ちください。

---

◇ カード

| あたたかい<br>お弁当が食べたい | 夜中の3時に<br>買い物したい | 講義ノートを<br>コピーしたい |
|---|---|---|
| 北海道の友達に<br>荷物を送りたい | 合鍵を作りたい<br><sub>あいかぎ</sub> | クレジットカードを<br>使いたい |
| 国際電話の料金を<br>払いたい<br><sub>はら</sub> | 花を買いたい | その他<br>（　　　　　　　　） |

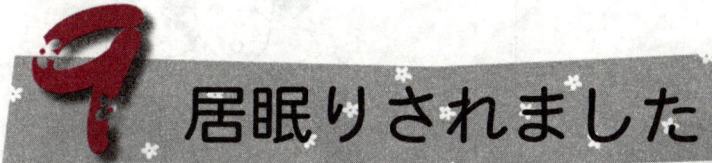

# 居眠りされました

수동형

## イラストによる文法確認

**1** 先生からほめられました。

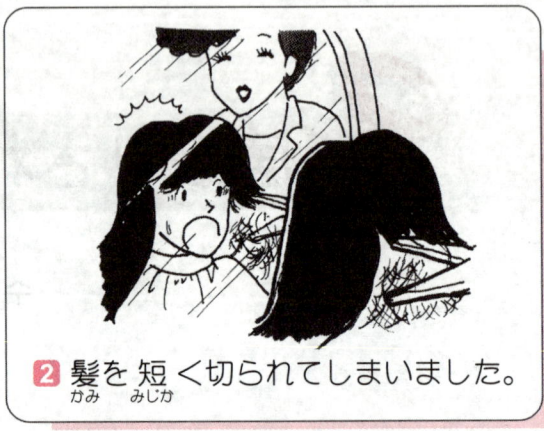

**2** 髪を短く切られてしまいました。

**3** バーゲンでセーターを先に
買われてしまいました。

**4** 憲法改正のデモが行われました。

〚応答バリエーション〛───────────

**1.** 今朝、先生から注意されちゃったんだ。 (p. 55)

　a) そう？ 僕なんて、しょっちゅうだよ。（M）

　b) 信じられない。あなたが……。

　c) それで、何て言われたの。

　d) うるさい先生だね、まったく。（M）

**2.** 母にあなたからの手紙を読まれちゃったの。（F）(p.57)

a) どんな手紙だったっけ？

b) どうして、読まれちゃったの？

c) まさか、この間の手紙じゃないよね。

d) えっ、どうしよう。

**3.** 隣 の奥さん、海外旅行でお財布を盗まれたんですって。(p.56)
   となり　おく　　　　かいがいりょこう　さいふ　ぬす

a) やっぱり海外旅行では持ち物に気をつけないといけないね。（M）

b) それは大変でしたね。
   たいへん

c) それで、どうなさったのかしら。（F）

d) どこで盗まれたの？

## 内容質問

(1) 最近の学生の態度はどうだ、と言っていますか。
   たいど

(2) どういう人が話している、と思いますか。

(3) 学生たちは授 業 中 にどんなことをしていますか。
   じゅぎょうちゅう

a) _____

b) _____

c) _____

(4) どんな授業をしなければならない、と言っていますか。

## 文法確認ドリル

**1.** 例のように、（　　）の動詞を受け身を表す形にして書いてください。

> 例 森君にデートに（誘った → 誘われた）そうですよ。
>    もりくん　　　　　さそ

(1) 電車の中で女性に足を（踏む →　　　　　　　）ちゃってね。
   ふ

(2) この本は若い人の間でよく（読んでいる →　　　　　　　）みたいだね。
   わか

(3) 日本語の作文を先生に（ほめました →　　　　　　　）。
   さくぶん

(4) 勉強しようと思っていたのに、友達に (遊びに来た → 　　　　　　　　)んです。

(5) 消費税のアップには、野党側が強硬に反対すると (見る → 　　　　　　　)
ています。

**2.** 例のように、それぞれの人が言った内容を〔　　〕の中の動詞の受け身形を使って書
きかえてください。

> 例 山田：武井さん、今度の土曜日にいっしょに映画に行きませんか。〔誘う〕
> → 武井さんは、(山田さんに映画に誘われました)。

(1) 先生：ランさん、クラスに遅れないでくださいね。〔注意する〕
→ ランさんは、(　　　　　　　　　　　　　　) ました。

(2) 岡田：木村さんにいただいた大切なウイスキーを息子が飲んでしまったんだ。
〔飲む〕
→ 岡田さんは、(　　　　　　　　　　　　　　) てしまいました。

(3) 山田：明け方、隣の赤ん坊が泣いて、目が覚めてしまいました。〔泣く〕
→ 山田さんは、明け方、(　　　　　　　　　　　　　) て、目が覚めてし
まいました。

(4) 伊藤：ジョンさん、引っ越しの手伝いお願いします。〔頼む〕
→ ジョンさんは、(　　　　　　　　　　　　　　)。

(5) 先生：日本では、4月に入学式を行います。〔行う〕
→ 日本では、入学式は (　　　　　　　　　　　　　)。

**3.** 鈴木さんの「いやだなあ」という気持ちを、次の文の(　　)の中の動詞を受け身形に
することによって、表してください。

【鈴木さんの不運な一日】
「今日はほんとうにツイてない一日だったなあ。
(1) 傘を持たないで家を出たら、途中で雨に (降る → 　　　　) て濡れてしまうし、

(2) バス停では1分ちがいで、バスに (行く → 　　　　) てしまうし、

(3) 電車では、ドアに手を (はさむ → 　　　　) てしまいました。

(4) 会社の会議では、説明している時に、社長に (居眠りする → 　　　　　) てしまうし、

(5) 部長には途中で (出ていく → 　　　　) てしまうし……。こんな日は、早く寝
てしまおう。」

# 総合問題 日本のいろいろな地方

　日本は狭い<ruby>狭<rt>せま</rt></ruby>いようですが、いろいろな地方があります。日本の南の端<ruby>端<rt>はし</rt></ruby>にある「沖縄<ruby>沖縄<rt>おきなわ</rt></ruby>」の特徴を書いた文章を読んで、問題に答えてください。

> ## 沖縄
>
> 　沖縄は一年中暖かいところです。冬でも野菜や花が作られ、飛行機で大都市に運ばれています。以前は、沖縄で、全国の60パーセントの砂糖<ruby>糖<rt>とう</rt></ruby>きびが生産されていました。しかし、外国から安い砂糖きびが輸入され、いまは生産が減っています。
>
> 　沖縄は、長生<ruby>長生<rt>ながい</rt></ruby>きのお年寄<ruby>年寄<rt>としよ</rt></ruby>りが多いことでも知られています。沖縄では、豚肉や豆腐<ruby>豆腐<rt>とうふ</rt></ruby>が他の県よりも多く食べられています。沖縄の暖かい気候と、こうした食生活が長生きの秘密<ruby>秘密<rt>ひみつ</rt></ruby>かもしれません。
>
> 　また、沖縄には「あわもり」と呼ばれるとても強いお酒があります。「あわもり」は、全国のお酒好きの人たちに愛されています。
>
> 　第二次大戦後<ruby>第二次大戦後<rt>だいにじたいせんご</rt></ruby>、沖縄はアメリカに占領<ruby>占領<rt>せんりょう</rt></ruby>されました。今でも、沖縄には米軍<ruby>米軍<rt>べいぐん</rt></ruby>の基地<ruby>基地<rt>きち</rt></ruby>が多く、いろいろな問題が起きています。沖縄では、1996年の秋に県民投票<ruby>県民投票<rt>けんみんとうひょう</rt></ruby>が行われ、基地縮小<ruby>縮小<rt>しゅくしょう</rt></ruby>の意見が強く反映されました。

【問1】文章中から動詞の「受け身形」をすべて抜き出し、例のようにその辞書形を書いてください。

> 例 「作られる」→ 作る

・「　　　　　　　」→ ＿＿＿＿＿＿　　　・「　　　　　　　」→ ＿＿＿＿＿＿

・「　　　　　　　」→ ＿＿＿＿＿＿　　　・「　　　　　　　」→ ＿＿＿＿＿＿

・「　　　　　　　」→ ＿＿＿＿＿＿　　　・「　　　　　　　」→ ＿＿＿＿＿＿

・「　　　　　　　」→ ＿＿＿＿＿＿　　　・「　　　　　　　」→ ＿＿＿＿＿＿

・「　　　　　　　」→ ＿＿＿＿＿＿　　　・「　　　　　　　」→ ＿＿＿＿＿＿

【問2】今あなたが住んでいるところではどんなことがされているか調べ、書いてみましょう。

> 例　祭りが開かれています。／大きなビルが建てられています。／など

- _____
- _____
- _____
- _____
- _____

# れる・られる

어느 날 유학생과 四谷<sup>よつや</sup>에 있는 서점에 갔었다. 언제나 생글생글 반겨주던 木村 씨의 모습이 보이지 않아 매장의 여직원에게 물어 보니, 「先月やめられました(지난 달에 그만두셨어요)」라고 했다. 나를 알아본 사장은 「彼にやめられるとは思わなかった(그가 그만둘 줄은 생각지도 못했다)」라고 불평했다.

유학생이 "두 사람이 말한 「やめられる」는 어떤 의미입니까? 같은 말인데도 두 사람의 표정이 전혀 다르군요" 하고 물었다. 그 유학생은 일본에 온 지 3개월째로 일본어 동사를 갓 익혔을 뿐이었다.

똑같은 「やめられる」라도 여직원은 존경표현이고, 사장의 불평은 수동표현이다. 같은 형태이면서도 전혀 다른 의미로, 피해를 입었다는 의미를 포함한 표현이다. 더욱이 「会社がいやになったら、いつでもやめられるよ(회사가 싫어지면 언제라도 그만둘 수 있어요)」라고 말하는 경우에는 「やめることができる(그만둘 수 있다)」라는 가능표현이다. 「れる・られる」에는 이 밖에도 「～と思われる(考えられる)(생각난다)」처럼 '자발(自発)용법'도 있지만, 초·중급 단계에서는 '가능' '수동' '존경'의 3가지 의미에 주의하면 된다.

또한 8과에서 본 바와 같이 1그룹 동사는 수동과 존경표현이 「書かれる・話される」로 변하는 데 비해 가능표현은 「書ける・話せる」로 확실히 구별된다. 가능표현이 똑같은 형태로 변하는 것은 「見る・食べる」 등의 2그룹 동사이다.

하지만 최근에는 특히 젊은이들 사이에서 「ここから富士山が見れる(여기서 후지산을 볼 수 있다)」나 「おいしい料理が食べれる(맛있는 요리를 먹을 수 있다)」처럼 가능표현이 「見れる・食べれる」와 같은 형태로 쓰이는 경우가 종종 있다. 1그룹 가능동사의 형태에서 영향을 받은 듯싶다. 본래는 「見られる・食べられる」이므로 「ら抜き言葉(ら가 빠진말)」라고 하는데, 올바른 표현이 아니라고 비판하는 사람도 많다. 그러나 「見られる」에서 「ら」가 빠짐으로써 「母に日記を見られた(어머니가 일기를 보셨다)」「レポートを見られますか(리포트를 보시겠습니까?)」(「ご覧になりますか(보시겠습니까?)」가 일반적이지만)라는 수동과 존경의 형태에서 가능형 「見れる」를 구별할 수 있는 장점도 있다. 문법적으로는 틀리다고 불평해도 소용없다. 일상회화는 자유롭게 변화해가는 것이므로……

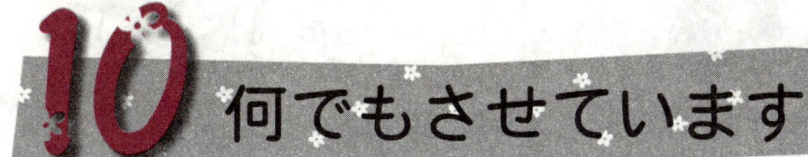

# 10 何でもさせています

사역형 / 사역수동형

## ✔️ イラストによる文法確認

1️⃣ 嫌いなものをむりやり食べさせた。

2️⃣ 下手<sub>へた</sub>なのに歌わされた。

3️⃣ 夕食は私に料理させて！

4️⃣ やりたいようにやらせよう。

---

┤ 応答バリエーション ├

1. もしもし、今、駅<sub>えき</sub>に着いたところなんですが……。 (p. 61)

　a) 今から息子<sub>むすこ</sub>に車で迎<sub>むか</sub>えに行かせますから、そこで待っていてください。

　b) そうですか。すぐそちらへ参<sub>まい</sub>りますので、少々<sub>しょうしょう</sub>お待ちください。

　c) では、駅前の道をまっすぐ来て、2つ目の信号<sub>しんごう</sub>を右に曲がってください。

　d) じゃあ、○○行<sub>い</sub>きのバスに乗って、4つ目で降りてください。

**2.** もうこんな時間……。そろそろ失礼します。(p. 61)

a) そうですか。じゃ、息子に駅まで送らせましょう。

b) えっ、まだいいじゃないですか。

c) もっとゆっくりしていってくださいよ。

d) そうですか。何のおかまいもできませんで。

**3.** 今日は寒いわねえ。(p. 63)

a) お母さん、買い物は私に行かせてください。

b) ほんとうに寒いですね。

c) 昨日はあんなに暖かかったのにね。

d) あっ、ヒーター入れましょうか。

## 内容質問

(1) 山田さんの上司はどんな人ですか。

(2) 山田さんは、毎日早く家へ帰れますか。

(3) 斉藤さんは山田さんに、奥さんをどうしてはいけないと言いましたか。
   さいとう

(4) 山田さんの奥さんは今どこにいますか。

(5) 山田さんの奥さんはなぜ家にいないのですか。

## 文法確認ドリル

**1.** 例のように、次の下線の動詞を、使役形、使役受け身形の 順 に書いてください。使
   役受け身形が2つあるものは、2つとも書いてください。
   しえきけい                        じゅん

> 例　ケーキを作る → (作らせる) → (作らせられる・作らされる)

(1) お皿を洗う → (　　　　　) → (　　　　　　　　　)
       あら

(2) たくさん食べる → (　　　　) → (　　　　　　　　)

(3) 荷物を持つ → (　　　　　) → (　　　　　　　　)

(4) 駅で待つ → (　　　　　　) → (　　　　　　　　　　)

(5) むりやりやめる → (　　　　　　) → (　　　　　　　　　　)

2. 例のように、下の □ から適当な動詞を選んで、使役形か使役受け身形にして書いてください。

> 例 A：もしもし、木村です。今、駅まで来ました。
> B：そうですか。じゃあ、すぐ弟を迎えに（行かせ）ます。

(1) A　　　　：あれ、太郎くん、学校へ行かなかったの？

　　太郎の母：かぜをひいて熱があるようなので、（　　　　　　）たの。

(2) 山田：田中さん、嫌いなものは全然ないんですか。
　　　　　　　　　　　　　　　ぜんぜん

　　田中：ええ、小さい頃に母親になんでも（　　　　　　）ましたから。
　　　　　　　　　　ころ

(3) 恵子：もう11時よ。隆、まだ起きてないの？

　　和夫：うん、そうとう疲れているようだから、寝たいだけ（　　　　　　）ておこう。
　　　　　　　　　　　つか

(4) 部長：鈴木君、どうだね。この仕事してみるかね。

　　鈴木：はい、部長。ぜひ私に（　　　　　　）てください。

(5) 上田：清水さん、どうしたの？ 声が変よ。

　　清水：うん、きのうの夜、部長に何曲も（　　　　　　）たんだよ。

> 行く 例　歌う　寝る　食べる　する　休む

3. 太郎君のお母さんは 教 育ママです。（　　）の中の動詞を使役形か使役受け身形にして、書いてください。
　　　　　　　　　　きょういく

【太郎君のお母さんの話】

うちでは太郎を週3日、塾 に（通う→　　　　　　）ています。
　　　　　　　　　　じゅく　かよ

健康のためにスイミングスクールにも（行く →　　　　　　）ているし、
けんこう

ピアノも（習う →　　　　　　）ているんです。
　　　　なら

来月からは英会話も（勉強する →　　　　　　）予定です。
　　　　　　　　　　　　　　　　　　　よてい

目によくないですから、ファミコンは（する →　　　　　　）ませんよ。

もちろん、マンガも（読む →　　　　　　）ません。

今は大変でも、みんな太郎のためなんです。


【太郎君から一言】
あーあ、いやになっちゃうな。

月・水・金曜日は、塾に (通う →　　　　　　　) ているし、

土曜日はスイミングスクールに (行く →　　　　　　) ているし、

火曜日はピアノを (習う →　　　　　) ているんです。

だから、遊ぶ時間が全然ありません。

来月からは、英会話も (勉強する →　　　　　) んです。

ぼくはまだ10歳だよ。

お母さん、1日30分でもいいから、ファミコンを (やる →　　　　　) て！

それから、たまにはマンガも (読む →　　　　) て！

お願い！

# タスク ① 子供に何をさせますか

　あなたに子供ができました。将来、子供を次のような職業につかせたいと思います。あなたはこれから子供に何をさせたらいいでしょう。例を参考にして答えてください。

**例** 子供の将来の職業……先生

・いろいろなことを勉強させます。
・外でたくさん遊ばせます。
・いろいろな経験をさせます。
・大学の教育学部に行かせます。
・教員試験を受けさせます。

1. 子供の将来の職業……医者

・＿＿＿＿＿＿＿＿＿＿＿＿＿＿
・＿＿＿＿＿＿＿＿＿＿＿＿＿＿
・＿＿＿＿＿＿＿＿＿＿＿＿＿＿
・＿＿＿＿＿＿＿＿＿＿＿＿＿＿
・＿＿＿＿＿＿＿＿＿＿＿＿＿＿

2. 子供の将来の職業……警官

・＿＿＿＿＿＿＿＿＿＿＿＿＿＿
・＿＿＿＿＿＿＿＿＿＿＿＿＿＿
・＿＿＿＿＿＿＿＿＿＿＿＿＿＿
・＿＿＿＿＿＿＿＿＿＿＿＿＿＿
・＿＿＿＿＿＿＿＿＿＿＿＿＿＿

3. 子供の将来の職業……水泳の選手

・＿＿＿＿＿＿＿＿＿＿＿＿＿＿
・＿＿＿＿＿＿＿＿＿＿＿＿＿＿
・＿＿＿＿＿＿＿＿＿＿＿＿＿＿
・＿＿＿＿＿＿＿＿＿＿＿＿＿＿
・＿＿＿＿＿＿＿＿＿＿＿＿＿＿

4. 子供の将来の職業……政治家

・＿＿＿＿＿＿＿＿＿＿＿＿＿＿
・＿＿＿＿＿＿＿＿＿＿＿＿＿＿
・＿＿＿＿＿＿＿＿＿＿＿＿＿＿
・＿＿＿＿＿＿＿＿＿＿＿＿＿＿

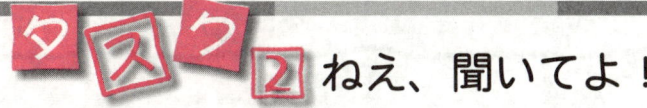

## ねえ、聞いてよ！

あなたには、今不満がたくさんあります。それを話すために友達に電話しました。例の下線部を参考にして、会話をしてみましょう。

> 例　最近仕事が減った。給料（きゅうりょう）も減った。この間はサービス残業をした。
> 　　（上田 → 親しい女性A）

A　：ねえ、最近どう？
上田：さっぱりついていないわ。
A　：どうしたの？
上田：うん。<u>仕事、減らされたしね、給料も減らされちゃったの。</u>
A　：そう、景気が悪いから？
上田：うん、そうらしいの。<u>それに、この間なんかサービス残業させられたのよ。</u>
A　：そっかあ。大変ね。でも、今は頑張るしかないんじゃない？
上田：うん、そうね。仕方がないのかもね。

1. 最近出張ばかりしている。日曜日も出社している。部長の代（か）わりに
　会議にも出席した。

（鈴木→山田）

2. 接待（せったい）でお酒をたくさん飲んだ。歌も歌った。相手の会社の人を
　家まで送った。

（上田→武井）

3. 店で高い服を買った。子供がその服を汚した。上司（じょうし）の引っ越しを
　手伝った。

（主婦→女性）

4. 家中の掃除をした。炊事（すいじ）の手伝いをした。洗濯もした。

（男の子→男の子）

5. ピアノのけいこに通っている。スイミングクラブにも行っている。
　1日5時間勉強している。

（女子生徒→男子生徒）

# 일본어의 수동형

『会話のにほんご』의 9과 본문 회화에서는 선생님이 이런 수동형을 사용하고 있다.

「僕は教室で居眠りされちゃって……(교실에서 졸아 버려서……)」

「僕なんか授業中に出て行かれましたよ(나는 말이에요, 수업 중에 나가 버렸어요)」

이런 수동표현을 사용하는 선생님의 심리 상태를 외국인 학습자들이 이해하기는 상당히 어려울 것이다.

"선생님, 왜 「生徒が居眠りしました(학생이 졸았습니다)」「生徒が授業中に出て行きました(학생이 수업 중에 나가 버렸습니다)」라고 학생을 주어로 말하지 않는 건가요?"

이 문장을 보고 어떤 유학생이 질문하였다. 아마 비슷한 의문을 가진 학습자들이 있을 것이다.

우선 일본어의 수동표현을 공부할 때 중요한 것은, 일본어에서는 자동사도 수동이 된다는 것, 이때 수동문에는 '그렇게 되어 곤란하다, 곤혹스럽다'라는 의미가 숨어 있는 경우가 많다는 것을 인식하는 것이다.

본문 회화의 예는 그 전형이라 할 수 있다. 이것을 유학생이 말한 것처럼 단순하게 「生徒が居眠りしました」하는 식의 능동표현으로 쓰면, 이는 사실을 그대로 서술하는 데 지나지 않으며, 「僕(나)」=「話者(화자)」의 마음까지 전달할 수가 없다. 이런 수동표현의 문장 예가 9과의 응용회화 (3)에 정리되어 있다.

수동표현을 크게 나누면 위에 서술한 「迷惑の受け身」처럼 간접수동과 「先生は太郎をほめた(선생님은 다로를 칭찬했다)」를 「太郎は先生にほめられた(다로는 선생님에게 칭찬받았다)」의 형태로 바꾸는 직접수동이 있다. 「ほめる(칭찬하다)」「しかる(질책하다)」「なぐる(때리다)」「押す(밀다)」 등과 같은 동작 주체의 작용이 직접 미치는 동사는 직접수동이 된다. 이처럼 직접수동은 외국인 학습자들도 이해하기 쉬울 것이다.

일본어의 수동문에서는 무생물, 즉 감정을 지니지 않은 것이 주어가 되는 일은 거의 없다. 단, 예외가 있다면 9과 응용회화 (4)에 나오는 것처럼 「~が発表された(~가 발표되었다)」「デモが行われた(데모가 일어났다)」 등 보도문의 수동문이다.

원래 일본어에는 무생물이 주어인 수동문이 없었다.

무생물 주어의 수동문은 메이지(明治)시대 이후 번역소설에서 사용하기 시작한 듯 하며, 현재는 텔레비전 뉴스 등에서 얼마든지 이러한 수동표현을 찾을 수 있다. 텔레비전을 볼 때 이러한 무생물 주어의 수동표현을 신경 써서 들으면 상당한 도움이 될 것이다.

# お歳暮、何あげようか

수수동사(주고받는 표현)

## ✓ イラストによる文法確認

**1** 山田さんに宝くじを10枚もらった ／ そのうち、5枚を鈴木さんにあげた。

**2** 私は山田さんにもらいました ／ 山田さんは私にくれました。

**3** ①斉藤部長にさしあげました。②岡田さんにあげました。③鈴木さんにあげました。

**4** ①斉藤部長にいただきました。②岡田さんにもらいました。③鈴木さんにもらいました。

## 応答バリエーション

**1.** **この間、君にあげた本、もう読んだ？**（M）（p. 67）
あいだ

　a) あ、君にもらった本ねえ。まだなかなか読む暇がなくて……。（M）
ひま

　b) はあ、ちょっと忙しかったもので……。

　c) はい、さっそく読ませていただきました。

　d) うん、おもしろかったよ。（M）

**2.** **この本、記念に君にあげるよ。**（M）（p. 69）
きねん

　a) ありがとう。大事にするよ。（M）
だいじ

　b) ありがとうございます。感激です。
かんげき

　c) わあ、うれしい。

　d) えーっ。いただいてもいいんですか。

**3.** **これ、誰にもらったの？**（p. 68）

　a) 木村さんがくれたんだ。（M）

　b) 木村さんがくださったんです。

　c) 木村さんよ。（F）／ 木村さんだよ。（M）

　d) 木村さんにいただきました。

(1) 二人は何について話していますか。

(2) お歳暮はいつあげたり、もらったりしますか。
せい ぼ
　　a) お世話になったとき　　　b) 夏　　　c) 12月

(3) 恵子さんは、岡田さんへのお歳暮は何がいいと言っていますか。

(4) 去年、二人は岡田さんから何をもらいましたか。

(5) 恵子さんは、今年、岡田さんが何をくれると思っていますか。


{ 文法確認ドリル }

**1.** 例のように、会話を読んで、同じ内容になるように（　　）に書いてください。

---

例　木村：この間、君にあげた本、もう読んだ？

　　佐藤：あ、君にもらった本ねえ。まだなかなか読む暇がなくて……。

　　　→ 木村さんは佐藤さんに（本をあげた）。

　　　→ 佐藤さんは木村さんに（本をもらった）。

---

(1) 岡田：小川さん、バレンタインデーに君にもらった手製のチョコレートおいし
て せい
　　　　かったよ。

　　小川：そう、それはよかったわ。

　　　→ 岡田さんは小川さんに（　　　　　　　　　　　）。

　　　→ 小川さんは岡田さんに（　　　　　　　　　　　）。

(2) 店員：先ほど、領収証はさしあげましたよね。
てんいん　　　　　　　りょうしゅうしょう
　　恵子：ええ、たしかにいただきました。

　　　→ 店員は恵子さんに（　　　　　　　　　）。

　　　→ 恵子さんは店員に（　　　　　　　　　）。

(3) 山口：先輩、ご卒業、おめでとうございます。
せんぱい　　　　そつぎょう
　　先輩：ありがとう、このグローブ、君にやるよ。

　　　→ 先輩は山口さんに（　　　　　　　　　）。

　　　→ 山口さんは先輩に（　　　　　　　　　）。

(4) 私 ：この新作ビデオ、誰にもらったの？
しんさく

弟 ：田中さんがくれたんだ。

→ 田中さんは弟に（　　　　　　　　　　　）。

→ 弟は田中さんに（　　　　　　　　　　　）。

(5) 私 ：今日の昼はそうめんよ。お隣がくださったの。
となり

夫 ：そうか。そう言えば、毎年そうめんをくれるね。

→ お隣はうちに（　　　　　　　　　　）。

→ うちはお隣に（　　　　　　　　　　）。


**2.** 例のように、次の文の（　　　）に、「くれる・もらう・あげる・やる・さしあげる・く
ださる・いただく」の中で最も適当な動詞を、適当な形にして書いてください。

> 例　恵子：妹が昨日、おいしいりんごをたくさん（くれた）のよ。
>
> 　　和夫：それはよかったね。

(1) 後輩：去年、先輩に（　　　　　　　　　）ノート、とても役立っています。
きょねん

　　先輩：そうか。君にノートを（　　　　　　　　　）んだったね。

(2) 和夫：吉岡君にお歳暮、何（　　　　　　　　　）ようか。

　　恵子：部長に（　　　　　　　　　）ウイスキーと同じでいいんじゃない。

(3) 真由美：わあ、すてきな腕時計ね。
うでどけい

　　隆　　：これ、兄に（　　　　　　　　　）んだ。

(4) 隆　　：君の時計もいいじゃないか。

　　真由美：入学祝いに伯父さんに（　　　　　　　　　）の。
おじ

(5) 私　　：今晩のナイターの切符、1枚余ってるんだけど……。
きっぷ

　　友人：じゃあ、僕に（　　　　　　　　　）ないか。


**3.** 次の文はまちがっています。例のように、下線のところを直してください。

> 例　この辞書は先生にもらいました。→（いただきました）

(1) 岡田さんは木村さんにウイスキーをくれました。→（　　　　　　　　　　　）

(2) 山田さんは私にジャンボ宝くじを10枚あげました。→（　　　　　　　　　　　）

(3) 社長は私に記念品を<u>くれました</u>。→ (　　　　　　　　　　　)
き ねんひん

(4) 田村さんは母に映画の切符を<u>あげました</u>。→ (　　　　　　　　　　)

(5) （私は）先生からプレゼントを<u>さしあげました</u>。→ (　　　　　　　　　)

# タスク ① フリー・マーケット

「フリー・マーケット」はリサイクル時代に合っていますね。みなさんもカードを交換して、フリー・マーケットのゲームをしてみましょう。

## やり方

❶ グループになって、それぞれに5枚ずつ白紙のカードを配ります。

❷ そのカード1枚に1つずつ、自分の持っている物の中でフリー・マーケットに出していいものを書いてください。文字だけでなく、できるだけ絵も書いてください。

❸ 最初の人は5枚の中から一番売れそうな物をみんなに示します。それをほしい人は、自分のカードの中から1枚を示して、交換を要求してください。複数の人がカードを出した時は、それらの中で一番ほしい物と交換してください。

❹ 交換が成立したら、お互いに「○○さんに××をもらいました ／ ○○さんが××をくれました ／ ○○さんに△△をあげました」と、3通りの文を言ってください。

❺ 次は、交換に成功した人が今交換した物以外の物をみんなに示して、同じように続けていきます。

◇ カード例

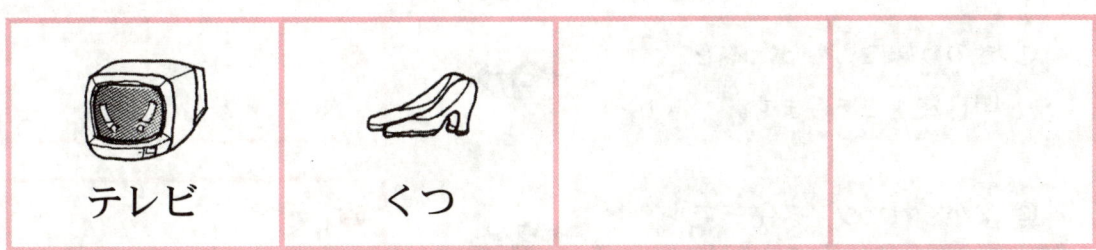

| テレビ | くつ | | |
|---|---|---|---|

# タスク② 伝言ゲーム

人から聞いた話を正しく伝えることができるでしょうか。グループになってやってみましょう。

**やり方**

❶ まずグループになって一列に並びます。（人数は多いほうが結果がおもしろくなります。）

❷ 1番最初の人は、「**最初の人が読むカード**」の内容を<u>小さな声で</u>2番目の人に伝えます。

❸ 2番目の人は、3番目の人に今聞いた内容を<u>こっそり</u>伝えます。

❹ 3番目の人は4番目の人に、4番目の人は5番目の人にと、どんどん伝えていきます。

❺ 最後の人は「**最後の人が書くカード**」に聞いた内容を書き込みます。

❻ これを3種類のカードでやってみましょう。

※ 伝える人は1度だけしか言うことができません。
※ グループが2つ以上できたら、同じカードでどれくらい正確に伝わるか 競争してみましょう。
※ 最初の人から最後の人まで話が伝わるのにどれくらい時間がかかるか、測ってみましょう。

**さあ**、どれくらい正確に伝わるでしょうか。

◇ **最初の人が読むカード**　　　　　　　　◆ **最後の人が書くカード**

① きのう妹にもらった本を
　 明日友達にあげます。　　　　　➜　　　❶

② 父がくれたウィスキーです
　 が、先生にさしあげます。　　　➜　　　❷

③ となりの木村さんにたくさん
　 いただいたりんごをクラスの　　➜　　　❸
　 みんなに1つずつあげた。

# 夫がよく 手伝ってくれます

수수보조동사

## ☑ イラストによる文法確認

**1** 山田さんに資料を届けてもらった ／ 別の資料を、鈴木さんに届けてあげた。

**2** 教授に部屋を探していただきました ／ 教授が 部屋を探してくださいました。
きょうじゅ　　　　　　　　さが

**3** ① コピーして　　　② コピーして　　　③ コピーして
　　さしあげましょうか。　あげましょうか。　あげましょうか。

**4** ① 斉藤部長に
　見送っていただきました。

② 岡田さんに
　見送ってもらいました。

③ 鈴木さんに
　見送ってもらいました。

## ⟨ 応答バリエーション ⟩

**1.** 日曜日も出社していただけますか。(p. 75)
　a)　超過勤務手当を払ってくだされば、出社いたします。
　b)　はい。大丈夫です。
　c)　月に1回程度なら、何とか。
　d)　基本的に日曜日は休みたいのですが……。

**2.** 今度、海外旅行に連れていってあげるよ。(M)(p. 76)
　a)　すてき！ じゃあ、アンコールワットに行ってみたいわ。(F)
　b)　本当！ どこがいいかなあ。
　c)　今度って、いつ？
　d)　ありがとう。あんまり期待しないで、待ってるわ。(F)

**3.** ずいぶん忙しそうだね。手伝ってやろうか。(M)(p. 76)
　a)　ありがとう。頼むよ。(M)
　b)　ありがとうございます。助かります。
　c)　本当？ 助かるわ。(F)
　d)　いいえ。大丈夫です。もうすぐ終わりますから。

(1) 恵子さんは、どうして島田さんが立派だと言いましたか。
　　　　　　　　　　　　　りっぱ

(2) 誰が島田さんの子供を保育園に迎えに行きますか。
　　　　　　　　　　　　ほ いくえん

(3) どうして川上さんは島田さんの子供を送り迎えしてくれますか。

(4) 島田さんの夫は家事を手伝いますか。

(5) 島田さんの夫は子供と遊んであげますか。

## 文法確認ドリル

**1.** 例のように、次の会話の（　　　）に、「あげる・もらう・やる」の中から適当なものを
　　選んで、適当な形にして書いてください。

> 例　小学生A：夏休みの宿題、お父さんに手伝って（もらっ）ちゃった。
> 　　小学生B：いいなあ。僕は、「自分でやれ！」って、言われちゃった。

(1) 山田：もう遅いから、車で送って（　　　　　　　）ようか。

　　 上田：ありがとう、いつも送って（　　　　　　　）、助かるわ。
　　　　　　　　　　　　　　　　　　　　　　　　　たす

(2) 上田：このビデオ、貸して（　　　　　　　）ましょうか。

　　 山田：ありがとう。上田さんが貸して（　　　　　　　）ビデオはいつも面白いから、

　　　　　楽しみだなあ。

(3) 木村：鈴木君、うれしそうだね。

　　 鈴木：ええ。社長にプレゼンテーションをほめて（　　　　　　　）んです。

(4) 恵子：このお歳暮、届けて（　　　　　　　）ますか。

　　 店員：はい。送料が300円かかりますが、よろしいですか。
　　　　　　そうりょう

(5) 父親：太郎、キャッチボールして（　　　　　　　）うか。

　　 太郎：うん。今、ボールとグローブを持ってくるね。

**2.** 例のように、次の会話の内容を、適当な授受補助動詞を使って文にしてください。
じゅじゅほ じょどうし

> 例 上田：すみません。そこの資料を取ってください。
>
> 鈴木：あっ、これですね。はい、どうぞ。
>
> → 上田さんは鈴木さんに資料を（取ってもらいました）。
>
> 鈴木さんは上田さんに資料を（取ってあげました）。

(1) 私　：山田君、この机、運ぶの手伝ってくれないか。

　　山田：いいよ。あ、結構、重いねえ。
　　　　　けっこう　おも

　　　→ （私は）山田さんに机を運ぶのを（　　　　　　　　　　　）。

　　　　山田さんは（私が）机を運ぶのを（　　　　　　　　　　）。

(2) ラン：隆さん、日本語の作文を見てくれませんか。

　　隆　：あ、いいですよ。…… ここは、こうしたほうがいいかな。

　　　→ ランさんは隆さんに日本語の作文を（　　　　　　　　　）。

　　　　隆さんはランさんの日本語の作文を（　　　　　　　　　）。

(3) 部長：○○君、今度のレポート、とってもよくできていたよ。

　　私　：はっ、ありがとうございます。

　　　→ （私は）部長にレポートを（　　　　　　　　　）。

　　　　部長は（私の）レポートを（　　　　　　　　）。

(4) 山田：小川さん、お茶をいれましょうか。

　　小川：あ、ありがとう。お願いするわ。

　　　→ 山田さんは小川さんにお茶を（　　　　　　　　）。

　　　　小川さんは山田さんにお茶を（　　　　　　　　）。

(5) 鈴木：疲れたみたいだね。運転、かわろうか。
　　　　　　　　　　　　　　　　うんてん

　　山田：うん。じゃあ、頼むよ。

　　　→ 山田さんは鈴木さんに運転を（　　　　　　　　）。

　　　　鈴木さんは山田さんに運転を（　　　　　　　　）。

**3.** 「〜てくれる・〜てもらう」には、その行為が話し手にとって「よかった・うれしい」という気持ちがあります。また、その反対に「受け身」の表現には、その行為が「いやだ・困った」という気持ちが含まれる時があります。例のように、それぞれの文や会話の内容を表すように、（　　　）の中の動詞を書きかえてください。

---

例 1）私はにんじんが嫌いです。昼ごはんの時、太郎君が私のにんじんも食べました。ありがとう、太郎君。

→ 太郎君がにんじんを（食べる → 食べてくれました）。

2）おみやげにもらったケーキを冷蔵庫に入れておいたら、弟が全部食べました。私も食べたかったのに……。

→ 弟にケーキを全部（食べる → 食べられました）。

---

(1) 美容院に行きました。暑いので「短く切ってください」と頼みました。とても似合います。

→ 美容院で髪を短く（切る → 　　　　　　　　　　）。

(2) 美容院に行きました。あまり短くしたくありませんでした。でも、美容師さんがまちがって短く切りました。あーあ、悲しい！

→ 美容院で髪を短く（切る → 　　　　　　　　　　）。

(3) 昨日は私の誕生日でした。友達がたくさんパーティーに来ました。うれしかったです。

→ 友達が誕生日パーティーに（来る → 　　　　　　　　）。

(4) 夜、11時30分です。今から寝ようと思います。〔ピンポーン……〕友達が来ました。いやだなあ……。

→ 夜遅く、友達に遊びに（来る → 　　　　　　　　　　）。

(5) 私：ねえ、おかあさん。鈴木先生の手紙、むずかしい漢字が多くて読めないの。

母：どれ、見せて。

→ 母に鈴木先生の手紙を（読む → 　　　　　　　　　）。

(6) 私：おかあさん、山田君からの手紙、読んじゃったでしょう。私に来た手紙よ。

母：……。

→ 母に山田君の手紙を（読む → 　　　　　　　　　）。

(7) 昨日、バスで居眠りしたら、健一君が写真をとりました。いやだなあ。

→ 昨日、バスの中で健一君に写真を（とる →                     ）。

(8) 昨日、クラスでスピーチをしたとき、張さんが私の写真をとりました。写真ができたら、国の母に送るつもりです。ありがとう、張さん。

→ 昨日、張さんが写真を（とる →                 ）。

(9) 大事な書類を机の上に置いておいたら、鈴木さんがまちがえて捨ててしまいました。困ったなあ。

→ 鈴木さんに書類を（捨てる →                 ）。

(10) 昨日、私はとても忙しかったです。ゴミを捨てに行く時間がありません。隣の山田さんが私のゴミもいっしょに捨てました。山田さん、ありがとう。

→ 山田さんがゴミを（捨てる →                 ）。

 傘がない

日本には「困った時はお互いさま」という言葉があります。自分が相手の役に立つということは楽しいことですね。「助けてほしい人」と「助ける人」になって、会話をしてみましょう。

**やり方**

❶ 5〜6人のグループになり、各自「問題発生カード」と「問題解決カード」を1枚ずつとります。

❷ 最初の人が自分の問題発生カードを見ながら、「〜てくれませんか」の形で頼んでください。

❸ それに合う問題解決カードを持っている人は、助けてあげてください。

❹ 助けてもらった人は「〜てもらいました／〜してくれました」、助けた人は「〜てあげました」と言ってください。

❺ 次は、助けた人が問題発生カードを見て、同じように続けていきます。

※ 1人の人にペアになる問題発生カードと問題解決カードが行かないようにカードを配ってください。

---

**例** ◇問題発生カード[雨が降ってきたが、傘がない]／◆問題解決カード[傘が2本ある]

A：すみません、傘を貸してくれませんか。

B：ああ、いいですよ。ちょうど2本ありますから。

　→ A：Bさんに傘を貸してもらいました。

　　　／Bさんが傘を貸してくれました。

　　B：Aさんに傘を貸してあげました。

## ◇ 問題発生カード

| | | |
|---|---|---|
| ◇雨が降ってきたが、傘がない | ◇横浜駅への行き方がわからない | ◇おいしい中華料理を食べたい |
| ◇欠席した時の講義のノートが必要 | ◇夜遅いので、アパートまで送ってほしい | ◇日曜日に引っ越しを手伝ってほしい |

## ◆ 問題解決カード

| | | |
|---|---|---|
| ◆傘が2本ある | ◆横浜駅への行き方を知っている | ◆おいしい中華料理の店を知っている |
| ◆その講義のノートをちゃんととってある | ◆車で来ている | ◆日曜日はひまだ |

## タスク 2 いろいろお世話になりました

　あなたは日本に留学する時や、留学してから今までに、いろいろな方にいろいろな事でお世話になっていることと思います。誰にどのように世話になったか、例のように「～ていただく／～てくださる／～てもらう／～てくれる」の形を使って、5つあげてください。

> 例　指導教官の先生に保証人になっていただいた。

- _____
- _____
- _____
- _____
- _____

# 수수(授受)표현

『会話のにほんご』에서는 11과에서 사물(物)의 수수표현을, 12과에서 수수보조동사(授受補助動詞)로서 행위(行為)의 수수표현을 다루었다.

외국인이 「あげる」「もらう」「くれる」「やる」「さしあげる」「くださる」「いただく」등, 사물과 행위의 이동 방향이나 대우 관계에 따라 변화하는 이들 동사의 쓰임을 익히는 것은 매우 어렵다. 게다가 「くれる」「もらう」는 같은 수수관계라도 시점이 말하는 사람에게 있으면 「もらう」, 상대방에게 있으면 「くれる」로 변화한다. 또한 「木村さんは弟にカメラをくれました(기무라 씨는 (내) 남동생에게 카메라를 주었습니다)」라고 말할 때의 「弟」는 말하는 사람의 남동생을 가리키지만, 「木村さんは弟にカメラをあげました(기무라 씨는 남동생에게 카메라를 주었습니다)」가 되면 기무라 씨의 남동생에게 준 것이 된다.

이 7가지 동사의 쓰임법은 실제로 사물을 이동시키면서 회화에서 응용해 보아야 한다. 그러나 사물 이동의 경우는 시각적으로 알기 쉽지만 12과의 '은혜'의 경우처럼 행위의 이동은 눈에 보이지 않아서 매우 어렵다.

「先生、私は先生に明日電話をしてさしあげます(선생님, 저는 선생님께 내일 전화를 드리겠습니다)」라는 유학생의 말에 대답하기 곤란했던 적이 있다. 왜냐하면 다음날은 외출할 예정이어서 전화를 받기 위해 집에 있을 수 없는 노릇이기 때문이었다. 이런 경우 「電話をしてもよろしいでしょうか(전화를 해도 괜찮을까요?)」라고 상대방의 의향을 물어봐야 하며, 존경표현 「~してさしあげます」를 써서 말해도 그것은 행위의 강요에 지나지 않는다. 「~てあげます」「~てさしあげます」는 말하는 사람과 듣는 사람, 이 경우에는 유학생과 나 사이에 (나) → 「電話をして欲しい(전화를 해 주었으면 한다)」, (유학생) → 「それなら電話をしよう(그렇다면 전화를 하자)」라는 행위의 교환에 관한 공통 이해가 생길 때 비로소 사용할 수 있는 표현이기 때문이다.

「友達のサリーに電話をしてあげました(친구인 샐리에게 전화를 해 주었습니다)」라는 표현도, 샐리가 감기로 결석했기 때문에 수업 내용을 전달한 그 행위가 아마도 샐리에게 감사받을 것이라는 말하는 사람의 기분으로 「~てあげました」가 되었으며, 상대방에게 곤란한 전화를 거는 것이라면 결코 「電話をしてあげました」라고 말할 수 없다.

또한 일본인의 인간 관계는 복잡해서 상대방이 대등하거나 자신보다 아래라면 모를까 자신보다 윗사람에게는 특별한 일이 없는 한 「~てあげます」「~てさしあげます」는 사용하지 않는 것이 좋다.

가령 비가 내려 사장님을 위해 택시를 부른다고 하자. 비를 맞아 가면서 택시를 기다

린다고 해도「私がタクシーを呼んでさしあげます(제가 택시를 불러 드리겠습니다)」라는 표현은 쓸 수 없다.「私がタクシーをお呼びします(제가 택시를 부르겠습니다)」라고 해야 한다.「呼んでさしあげる」는 존경표현처럼 보이지만 상대방에게 은혜를 강요하는 것이 되어 버리기 때문이다.

이처럼「~てあげます」「~てさしあげます」를 쓸 경우에는 다음과 같은 점을 기억해야 한다.

① 말하는 사람이나 듣는 사람 모두 말하는 사람의 행위가 듣는 사람에게 은혜를 베푸는 것이라고 공통으로 인식하고,
② 상대방이 말하는 사람보다 윗사람이어서는 안 된다.

항상 이런 핵심을 고려하면서 수수표현을 능숙하게 표현할 수 있기를 바란다.

# 13 お話をお聞かせいただけないでしょうか

させていただく／してもらう

## ✓ イラストによる文法確認

**1** 頭が痛いので、早退させて
いただきたいのですが……。
〔そうたい〕

**2** 一言、ご挨拶させていただきます。
〔ひとこと〕　　　　〔あいさつ〕

**3** これを英語に翻訳して
〔えいご〕　〔ほんやく〕
もらえませんか。

【 応答バリエーション 】

**1.** あのう、来週の月曜日、休ませていただきたいのですが……。(p. 80)

   a) 月曜日ね。いいですよ。

   b) はい、わかりました。

   c) 月曜日は、ちょっとねえ。忙しいから……。

   d) また、休むの？ 困るわねえ。（F）

**2.** 次回はどうなさいますか。(p. 80)

    a) ぜひ、出席させていただきます。

    b) 出席したいと思っていますが、今は予定がわからないので、のちほどご連絡させ
       ていただきます。

    c) 残念ですが、都合がつきませんので……。

    d) 申し訳ありませんが、次回は失礼させていただきます。


**3.** タクシーを5時に迎えに来させましょう。(p. 82)

    a) そうだね。(タクシー会社に電話する) 5時に来てもらえませんか。(M)

    b) そうね。(タクシー会社に電話する) 5時にお願いします。(F)

    c) そうだな。(タクシー会社に電話する) 5時に来てください。(M)

    d) そうしましょう。(タクシー会社に電話する) 5時に来られますか。


## 内容質問

(1) 健一さんは、どうして高田さんに会いたいのですか。

(2) 健一さんと高田さんはいつ会いますか。

(3) 健一さんと高田さんはどこで会いますか。

(4) 高田さんは健一さんに協力しますか。

(5) 高田さんと健一さんはどういう関係ですか。


## 文法確認ドリル

**1.** 次の(    )の中の動詞を「させていただく」の適当な形にかえて書いてください。

    (1) 国から両親が来ますので、明日 (休む →              )たいのですが……。

    (2) すみません。電話を (使う →            )たいんですが……。

    (3) この資料を (コピーする →        )ませんか。

    (4) では、さっそくパンフレットを (送る →          )ます。

    (5) その仕事、ぜひ私に (する →         )ませんか。

**2.** 例のように、適当なものを線で結んでください。

例 営業時間の通知 ・　　　　　　　　・ a. お先に失礼させていただきます。

(1) 会議を始める時 ・　　　　　　　　・ b. 8月中は午後9時まで営業させていただきます。

(2) 先に帰る時 ・　　　　　　　　・ c. それでは、始めさせていただきます。

(3) スピーチをする時 ・　　　　　　　・ d. これをもちまして、お開きとさせていただきます。

(4) 会議を終わる時 ・　　　　　　　・ e. 一言、ご挨拶をさせていただきます。

(5) パーティーを終わる時 ・　　　　　・ f. これにて、閉会させていただきます。

**3.** 次のどちらの人が動詞の表している動作をしますか。例のように〔　　〕から選んでください。

例 上田　：すみません、写真をとっていただけませんか。
　　女の人：ええ、いいですよ。
　　　　　→〔上田・⦅女の人⦆〕

(1) 隆：昨日のノート、コピーしてもらいたいんだけど……。
　　宏：うん、いいよ。
　　　　→〔隆・宏〕

(2) 隆：昨日のノート、コピーさせてもらいたいんだけど……。
　　宏：うん、いいよ。
　　　　→〔隆・宏〕

(3) 鈴木：会議に出席していただきたいんですが……。
　　部長：いつですか。
　　　　→〔鈴木・部長〕

(4) 鈴木：会議に出席させていただきたいんですが……。
　　部長：いつですか。
　　　　→〔鈴木・部長〕

(5) 坂本：一曲、歌ってもらえませんか。
　　サハ：ビートルズでもいいですか。
　　　　→〔サハ・坂本〕

(6) サハ : 一曲、歌わせてもらえませんか。

  坂本 : ええ、どうぞ。

    →〔サハ・坂本〕

(7) 鈴木 : もう一度、説明していただけますか。

  岡田 : いいですよ。

    →〔鈴木・岡田〕

(8) 鈴木 : もう一度、説明させていただけますか。

  岡田 : いいですよ。

    →〔鈴木・岡田〕

(9) 真由美 : ここで少し待たせてくれない？

  隆　　 : うん、いいよ。

    →〔真由美・隆〕

(10) 真由美 : ここで少し待っててくれない？

  隆　　 : うん、いいよ。

    →〔真由美・隆〕

# 早退させていただきたいのですが

ペアになって、許可を求める言い方の練習をしてみましょう。

**やり方**

❶ ペアになって、まずどちらかが下の**カード**を1枚ひきます。

❷ カードをひいた人は「～(さ)せていただく」という表現を使って、相手に許可を求めてください。

❸ 相手の人は理由を聞いて、許可できるかどうか考え、答えてください。

**例**
A：すみません。早退させていただきたいのですが。
B：どうしたんですか。
A：ちょっと、頭が痛いんです。
B：そうですか。じゃあ、授業のプリントは〇〇さんに渡しておきますね。

◇ **カード**

| 早退したい<br>【理由】頭が痛い | 荷物を置きたい<br>【理由】とても重い | 休みたい<br>【理由】大使館に用事がある |
|---|---|---|
| ワープロを使いたい<br>【理由】日本語の勉強のため | テープに録音したい<br>【理由】レポートを書く | 集会室を使いたい<br>【理由】パーティーを開く |

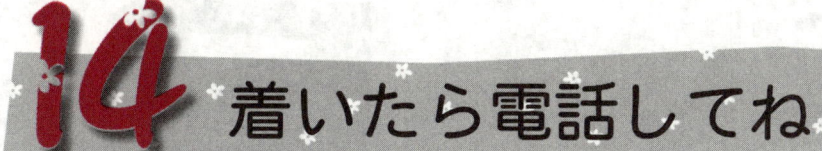

# 14 着いたら電話してね

조건표현 と／たら／ば／なら

### ✓ イラストによる文法確認

**1** よく売れると（売れたら、売れ
れば）いいですね。

**2** このボタンを押すと（押せば、
押したら）、開くんです。

**3** ケーキの箱を開けたら（開けると）、
中は空っぽでした。

**4** コンサートに誘ったら、断られ
ちゃった。

**5** 風邪なら、この薬を飲むと
いいですよ。

**6** 駅にもっと近ければ（近かったら）、
通勤が楽なのにね。

応答バリエーション

**1. 納豆を食べてみたことがありますか。** (p. 87)

  a) ええ、食べてみたら、思ったよりおいしかったです。

  b) はい、大好きです。

  c) はい。でも、もう食べたくありません。

  d) いいえ。今度食べてみます。

**2. 日本に住むなら、どこがいい？** (p. 85)

  a) 今住んでるところが一番ですよ。

  b) 仕事するなら、やはり東京がいいな。

  c) 京都のお寺に住めたらいいな。

  d) 便利なところだったら、どこでもいいわ。（F）

**3. 日焼けしましたね。**

  a) ええ、スキーに行ったら、雪焼けしてしまって……。

  b) えっ、焼けてませんけど。

  c) ええ、帽子を持っていくのを忘れちゃったんです。

  d) 日焼けサロンに通っているんです。

内容質問

(1) 真由美さんは、何時に起きましたか。

(2) なぜ、急いでいますか。

(3) 真由美さんは、新幹線に間に合わなかったらどうする、と言っていますか。

(4) 目的地に着いたら、何をする約束をしましたか。

(5) おみやげはどこで、何を買ってきてほしい、と頼まれましたか。

**1.** 例のように、〔　　〕の中の動詞を「～たら」「～ば」「～と」「～なら」の順に条件の表現にしてください。

> 例　大学に〔行く〕→（行ったら）・（行けば）・（行くと）・（行くなら）

(1) 会社を〔やめる〕→（　　　　　）・（　　　　　）・（　　　　　）・（　　　　　）

(2) 〔急ぐ〕→（　　　　　）・（　　　　　）・（　　　　　）・（　　　　　）

(3) 山に〔登る〕→（　　　　　）・（　　　　　）・（　　　　　）・（　　　　　）

(4) 値段が〔高い〕→（　　　　　）・（　　　　　）・（　　　　　）・（　　　　　）
　　 ねだん

(5) 〔静かだ〕→（　　　　　）・（　　　　　）・（　　　　　）・（　　　　　）

**2.** 正しい文になるように、〔　　〕の中の表現から適当なものを1つ選んで、○をしてください。

健一：リンさんの誕生日は来月ですね。

リン：ええ。誕生日が来〔たら・ば・と・なら〕20歳になります。

健一：日本では20歳になれ〔たら・ば・と・なら〕、お酒も飲めるし、たばこも吸えますよ。

リン：そうですか。でも、たばこを吸う〔たら・ば・と・なら〕気持ちが悪くなるし、お酒を飲む〔たら・ば・と・なら〕すぐ赤くなってしまうんです。

健一：そういうこと〔たら・ば・と・なら〕、無理しないほうがいいね。
　　　　　　　　　　　　　　　　　　　　　　　　　　　　　むり

**3.** 左の下線の動詞に「たら・ば・と・なら」の中から適当なものをつけて（　　）に書き、右のa〜fと線で結んで文にしましょう。例のように2つ以上の条件表現が可能なものもあります。

> 例　北海道に<u>着く</u>（→ 着いたら ／ 着くと）　・　　　　・ a. 手伝ったのに。

(1) コンサートに<u>誘う</u>（→　　　　　）　・　　　　・ b. 大雪だった。

(2) <u>言ってくれる</u>（→　　　　　）　・　　　　・ c. おいしかったんだ。

(3) <u>食べてみる</u>（→　　　　　）　・　　　　・ d. 断られちゃった。

(4) <u>間に合わない</u>（→　　　　　）　・　　　　・ e. きっとよくなりますよ。
　　 ま

(5) この薬を<u>飲む</u>（→　　　　　）　・　　　　・ f. 次のにするわ。

**4.** 次の文の（　　　）の中の動詞に「たら・ば・と・なら」の中から適当なものを加えて、
条件の表現にしましょう。例のように、2つ以上可能なものもあります。

> 例　木村さんが（来る）、私は帰ります。→ 来れば、来たら、来るなら

(1) もし君と（結婚できる）、なんてしあわせなんだろう。→ ＿＿＿＿＿＿＿＿＿＿

(2) 雨の日に（デートする）、映画を見るのが一番ですね。→ ＿＿＿＿＿＿＿＿＿

(3) スキーに（行く）、足を骨折してしまった。→ ＿＿＿＿＿＿＿＿＿
　　　　　　　　　　こっせつ

(4) ビールを（飲む）、眠くなってしまうんです。→ ＿＿＿＿＿＿＿＿＿

(5) 日本語がもっと（うまい）、日本人と友達になれるのになあ。→ ＿＿＿＿＿＿＿＿＿

　ある年齢にならないとできないことがあります。いくつになったらどんなことができるのか、まず、日本の場合を見てみましょう。＿＿＿＿には適当な数字や言葉を書き込み、文を完成させてください。

0　　　　　　　　　　　　　　　　　　　　　　　　　　　　　　　　　　　100歳

①　　　②　　　③④　　　⑤⑥　　　　　　⑦⑧⑨　　　　⑩

例 ① ＿＿6＿＿ 歳になったら、小学校に入学します。

② ＿＿＿＿ 歳になったら、中学生に＿＿＿＿＿＿＿＿＿＿＿＿＿＿＿。

③ ＿＿＿＿ 歳になれば、結婚＿＿＿＿＿＿＿＿＿＿＿＿＿＿（女性）。

　　＿＿＿＿ 歳になったら、結婚＿＿＿＿＿＿＿＿＿＿＿＿（男性）。

④ ＿＿＿＿ 歳になったら、車の運転が＿＿＿＿＿＿＿＿＿＿＿＿。

⑤ ＿＿＿＿ 歳になったら、お酒が＿＿＿＿＿＿＿＿＿＿＿＿＿。

⑥ ＿20＿ 歳になれば、選挙権が＿＿＿＿＿＿＿＿＿＿＿＿。

⑦ ＿＿＿＿ 歳ぐらいになったら、会社を＿＿＿＿＿＿＿＿＿＿＿。

⑧ ＿60＿ 歳(還暦)になると、子供や孫たちが＿＿＿＿＿＿＿＿＿＿。
　　　　　かんれき

⑨ ＿＿＿＿ 歳になると、年金が＿＿＿＿＿＿＿＿＿＿＿＿。

⑩ ＿100＿ 歳になると、区役所や市からお祝いがもらえます。

では、あなたの国の場合はどうでしょうか。日本の場合と比較してみましょう。

0　　　　　　　　　　　　　　　　　　　　　　　　　　　　　　　　　　　100歳

① ＿＿＿＿ 歳に＿＿＿＿＿＿＿、＿＿＿＿＿＿＿＿＿＿＿＿＿＿。

② ＿＿＿＿ 歳に＿＿＿＿＿＿＿、＿＿＿＿＿＿＿＿＿＿＿＿＿＿。

③ _____歳に_____、_____。

④ _____歳に_____、_____。

⑤ _____歳に_____、_____。

⑥ _____歳に_____、_____。

⑦ _____歳に_____、_____。

⑧ _____歳に_____、_____。

⑨ _____歳に_____、_____。

⑩ _____歳に_____、_____。

# タスク 2 人生ゲーム

　人生はまさに"山あり谷あり"です。予想（よそう）していなかったことに出会（であ）ったらあなたはどうするでしょうか。よく考えて答えを書きながら進んでください。最後まで行ったら、あなたが書いたものをもう一度見てみましょう。あなたの意外（いがい）な一面が見えるかもしれません。

## やり方

◆ 用意するもの……サイコロ（ないときは鉛筆を転がしてやりましょう）

❶ サイコロを振（ふ）り、目の数だけ進みます。⚀⚁⚂⚃⚄⚅

❷ 目の数のところの文を「たら」を使って条件文にします。これは、想像でもかまいません。

❸ 早くゴールについた人が勝ちです。

　※ ちょうど目の数が合わないと、余りの目の数だけゴールから戻らなければなりません。

　　（例えば ㉚ の所で ⚂ が出たら、3つですから、GOAL → ㉚ → ㉙ でまた ㉙ に戻ります。）

**例**
① 裕福な家庭に生まれ<u>たら</u>、もっと幸せでした。
⑦ 道で1000円拾（ひろ）っ<u>たら</u>、自分のために使います。
㉒ 宝くじを買っ<u>たら</u>、1000万円当たりました。

| | | |
|---|---|---|
| ① 裕福（ゆうふく）な家庭に生まれる | ⑪ 旅行する | ㉑ 会社が倒産（とうさん）する |
| ② 病気をする | ⑫ 学校を卒業する | ㉒ 宝くじを買う |
| ③ 小学校へ行く | ⑬ 会社に勤（つと）める | ㉓ 借金が増（ふ）える |
| ④ テストで100点をとる | ⑭ お見合（みあ）いをする | ㉔ 突然持ち株（かぶ）が上昇する |
| ⑤ ある日、家に帰る | ⑮ 好きな人に告白（こくはく）する | ㉕ 大地震が起こる |
| ⑥ 親に叱（しか）られる | ⑯ 結婚する | ㉖ 子供が大学に行く |
| ⑦ 道で1000円拾う | ⑰ 子供ができる | ㉗ 子供が結婚する |
| ⑧ 友達とけんかする | ⑱ 仕事がうまくいかなくなる | ㉘ 孫（まご）が生まれる |
| ⑨ 周（まわ）りからほめられる | ⑲ 子供が病気になる | ㉙ 体が動かなくなる |
| ⑩ 試験に失敗する | ⑳ 親が突然（とつぜん）病気になる | ㉚ 財産が1億円（おく）ある |

# 人生ゲーム

Goal

Start

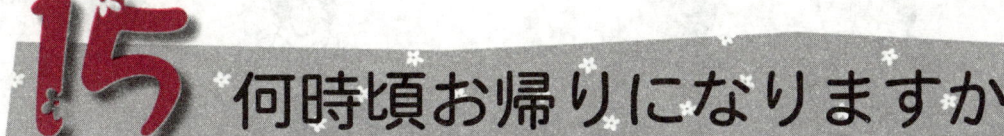

## 15 何時頃お帰りになりますか

존경어 / 겸양어

## ☑ イラストによる文法確認

**1** あのレストランに入りましょう ／ あのレストランに入ろう。

**2** 車で行かれましたか。

**3** その本お読みになったら、貸していただけますか。

**4** お酒を召し上がりますか。

**5** その荷物、お持ちしましょう。

**6** 4時過ぎに伺います。

**7** お料理、お上手ですね。

---

## 応答バリエーション

**1.** 日本語がお上手（じょうず）ですね。どこで勉強されたんですか。(p. 95)

  a) 国にいたとき、自分で勉強しました。

  b) 日本に来てから、日本語学校に通（かよ）いました。

  c) 大学の日本語コースで勉強しています。

  d) 日本人の友達と話したり、テレビを見たりして覚（おぼ）えました。

**2.** カルロスさんはお酒を召し上がりますか。(p. 97)

  a) いえ、僕は一滴（いってき）も飲めないんですよ。

  b) ええ、日本のお酒はおいしいですね。

  c) はい、少しだけですが……。

  d) いえ、アルコールは宗教（しゅうきょう）で禁（きん）じられているんです。

**3.** 紅茶（こうちゃ）でも、どう？ (p. 99)

  a) ありがとうございます。いただきます。

  b) わあっ、うれしい。ちょうどのどがかわいていたのよ。（F）

  c) では、お言葉（ことば）に甘（あま）えて（いただきます）。

  d) すみません。せっかくですが、ちょっと急いでいますので……。

会話を参考にして、下の①～⑧を順番に並べて、電話の会話を作ってください。

① 何時頃お帰りになりますか。

② わたくし、先生のゼミの学生のホセと申しますが、先生はご在宅でいらっしゃいますか。

③ では、その頃にもう一度、こちらからお電話させていただきます。

④ あいにく、ただいま外出中ですが……。

⑤ もしもし、山川先生のお宅でいらっしゃいますか。

⑥ 9時までには帰ると申しておりました。

⑦ はい、山川でございます。

⑧ そうですか。では、そのように伝えておきます。

( ⑤ ) → (　　　) → (　　　) → (　　　) → (　　　) → (　　　) → (　　　) → (　　　)

**1.** 〔　　　〕の中の言葉のうち、適当なほうを選んでください。

(1) 真由美：明日、ひま？

　　良子　：うん、〔ひまです・ひま〕。どうして？

　　真由美：お好み焼き、食べに行かない？

　　良子　：うん、〔いいわね・結構ですね〕。

(2) 先生：その場所がよくわからないんだが……。

　　隆　：だいじょうぶですよ。ぼくがお連れ〔します・られます〕から。

(3) (劇場で)案内係：いらっしゃいませ。どうぞ、この半券をお持ち〔になって・して〕ください。〔お・ご〕席へ〔お・ご〕案内〔いたし・ください〕ます。

(4) 恵子　：天ぷらは揚げたてをすぐ〔召し上がって・いただいて〕くださいね。

　　イワン：はい。〔召し上がり・いただき〕ます。

(5) 良子：〔お・ご〕花が〔お・ご〕好きなんですね。

　　恵子：ええ。花壇にいろいろな花を植えてるんですよ。

**2.** 下の表の空いているところに適当な動詞を入れてください。

| 基本型 | 尊敬語 | 謙譲語 |
|---|---|---|
| 見る | ご覧になる<br>らん | 拝見する<br>はいけん |
| 言う | おっしゃる | |
| いる | | おる |
| 行く | | 参る<br>まい |
| 来る | いらっしゃる | |
| 食べる／飲む | 召し上がる | |

**3.** グスタボさんがハンバーガーを食べに行きました。店員とグスタボさんの会話を完
成させてください。
かん
せい

店員　　：いらしゃいませ。何に ((1) します → 　　　　　　　　　　　) か。

グスタボ：フィレオフィッシュとポテトの大きいのとコーラ、お願いします。

店員　　：こちらで ((2) 食べます → 　　　　　　　　　) か。

グスタボ：いいえ、持ちかえります。

店員　　：フィレオフィッシュは今から ((3) 作ります → 　　　　　　　　) の
　　　　　で、少々お待ちください。
　　　　　できましたら ((4) 呼びます → 　　　　　　　　)。

　—3分後—

店員　　：フィレオフィッシュとポテトとコーラのお客様、
　　　　　((5) 待たせました → 　　　　　　　　)。

**4.** 次の(　　)に適当な言葉を書いて、会話を完成させてください。

(1) ミゲル：橋本先生は、この映画をもう (　　　　　　　　　)。
　　　　　はしもと
　　橋本　：いや、まだ見ていません。

(2) 客　　：ビール、家まで届けてもらえますか。
　　店員：はい。(　　　　　　　　　)。

(3) 山田：奥さんはいっしょに (　　　　　　　　　) なかったんですか。

木村：ええ。風邪で体調が悪かったので、私ひとりで来ました。

(4) 健一：10時に研究室に（　　　　　　　　　　　　）てもよろしいでしょうか。

　　教授：午前中は授業があるので、4時過ぎに来てください。

(5) 患者：どこに名前を書いたらいいですか。

　　受付：住所の右に（　　　　　　　　　）ください。


**5.** 次の(1)～(10)の下線部分の「～れる・～られる」の意味は、下のa～cのどれと同じでしょう。（　　）に記号を書いてください。

（　　）(1) 先生は伊藤君に引っ越しの手伝いを<u>頼まれ</u>ました。

（　　）(2) 伊藤君は先生に引っ越しの手伝いを<u>頼まれ</u>ました。

（　　）(3) 小川さんにもらったチョコレートを冷蔵庫に入れておいたら、弟に<u>食べられて</u>しまいました。

（　　）(4) 李さん、納豆が<u>食べられ</u>ますか。

（　　）(5) カレーライスは世界中の人に<u>食べられ</u>ています。

（　　）(6) アンテナがあれば、衛星放送が<u>見られ</u>ます。

（　　）(7) 母に0点のテストを<u>見られ</u>てしまいました。

（　　）(8) 部長は夕方、飛行機で<u>来られ</u>ます。

（　　）(9) 明日は9時から会議があるので、早く<u>来られる</u>人は8時までに来てください。

（　　）(10) 寝ようと思ったら、友達に遊びに<u>来られ</u>て、寝たのは2時だった。

> a. 先生は学生に宿題を<u>出され</u>ました。
>
> b. ここには車は<u>止められ</u>ません。
>
> c. 学生は先生に宿題を<u>出され</u>ました。

# タスク ① 電話の会話

　ペアになって、電話での会話を練習してみましょう。シート１は「岡田さん」用、シート２は「○○会社の人／田中さん」用です。それぞれのシートを見ながら会話を完成させてください。

　各シートの(1)～(10)の □ には、下の選択肢から適当な文を選び、また（　　）の動詞は、尊敬か謙譲の形に変えてください。
せんたくし
そんけい　けんじょう

## ●シート１の選択肢

**1**

a. そうですか。
何時頃_____ますか。
　　　　（帰る）

b. では失礼します。

c. では、その頃また
お電話させて____ます。
　　　　　　　（もらう）

**2**

d. 03-5111-1111 です。

e. それでは、伝言をお願い
でんごん
できますか。

f. よろしくお願いします。
では、失礼します。

g. 明日の時間の件でお電話
_____たいと____ください。
（もらう）（伝える）

**3**

h. どうもすみません。
ではまた明日。

i. はい、お願いします。

j. あっ田中さん、岡田です。
明日の時間なんですが、3
時にしてもらえませんか。

## ●シート２の選択肢

**1**

a. そうですか。
ではお願い_____ます。
　　　　　（する）

b. 田中はちょっと席を外し
て_____ますが……。
　　　　（いる）

c. 3時頃になると思います。

**2**

d. 03-5111-111 1、岡田様で
すね。わかりました。
そう伝えます。

e. ええと、お電話番号は……。

f. はい、どうぞ。

g. ただいま田中はほかの電話
に出て____ますが……。
　　　　（いる）

**3**

h. ああ、いいですよ。
じゃあ明日3時に。

i. もしもし、お電話代わり
ました。田中です。

j. 代わりますので、
少々_____ください。
　　　　　（待つ）

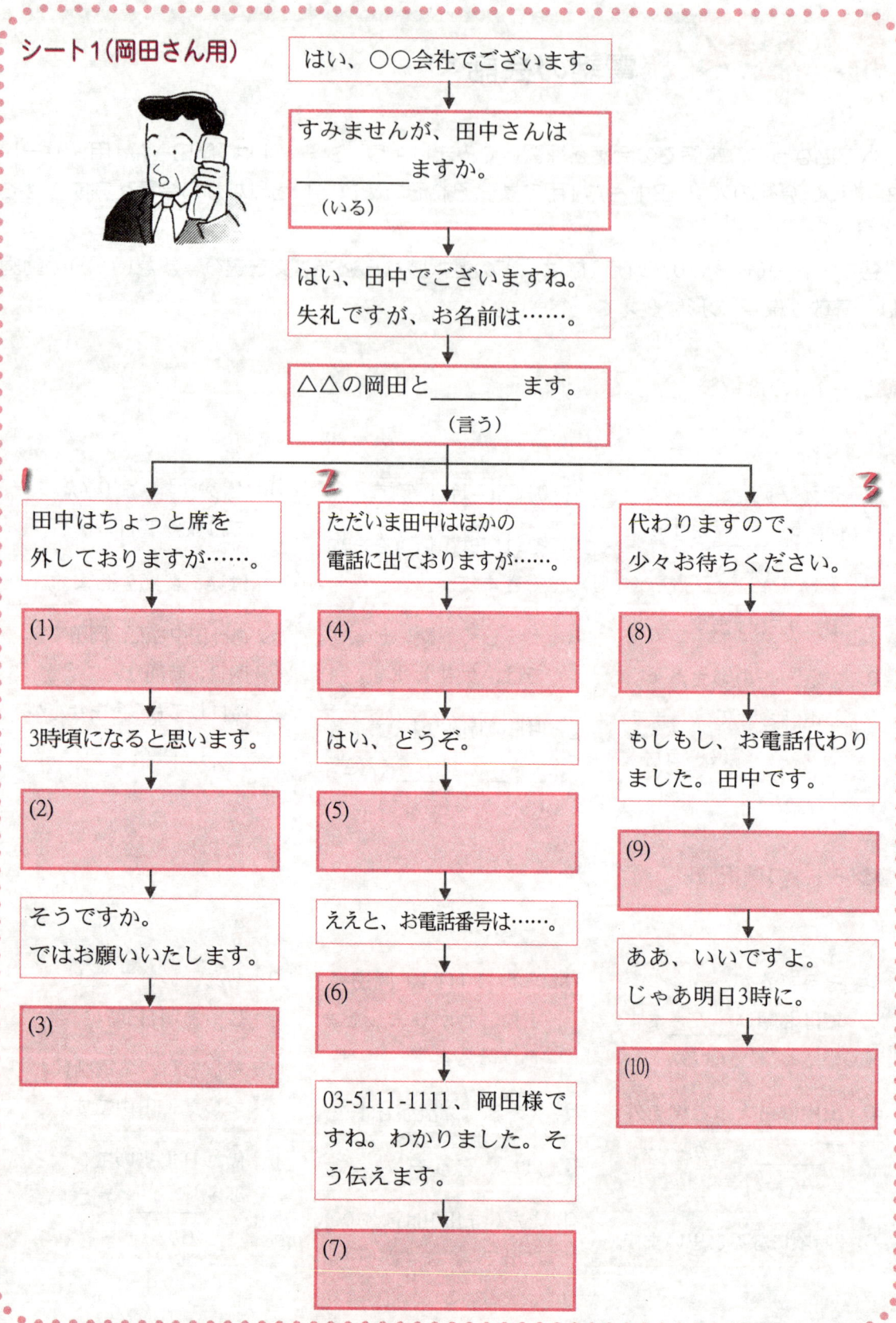

シート1（岡田さん用）

はい、○○会社でございます。

↓

すみませんが、田中さんは
_____ますか。
（いる）

↓

はい、田中でございますね。
失礼ですが、お名前は……。

↓

△△の岡田と_____ます。
（言う）

**1**
田中はちょっと席を
外しておりますが……。

↓

(1)

↓

3時頃になると思います。

↓

(2)

↓

そうですか。
ではお願いいたします。

↓

(3)

**2**
ただいま田中はほかの
電話に出ておりますが……。

↓

(4)

↓

はい、どうぞ。

↓

(5)

↓

ええと、お電話番号は……。

↓

(6)

↓

03-5111-1111、岡田様で
すね。わかりました。そ
う伝えます。

↓

(7)

**3**
代わりますので、
少々お待ちください。

↓

(8)

↓

もしもし、お電話代わり
ました。田中です。

↓

(9)

↓

ああ、いいですよ。
じゃあ明日3時に。

↓

(10)

**シート2**
**(○○会社の人／田中さん用)**

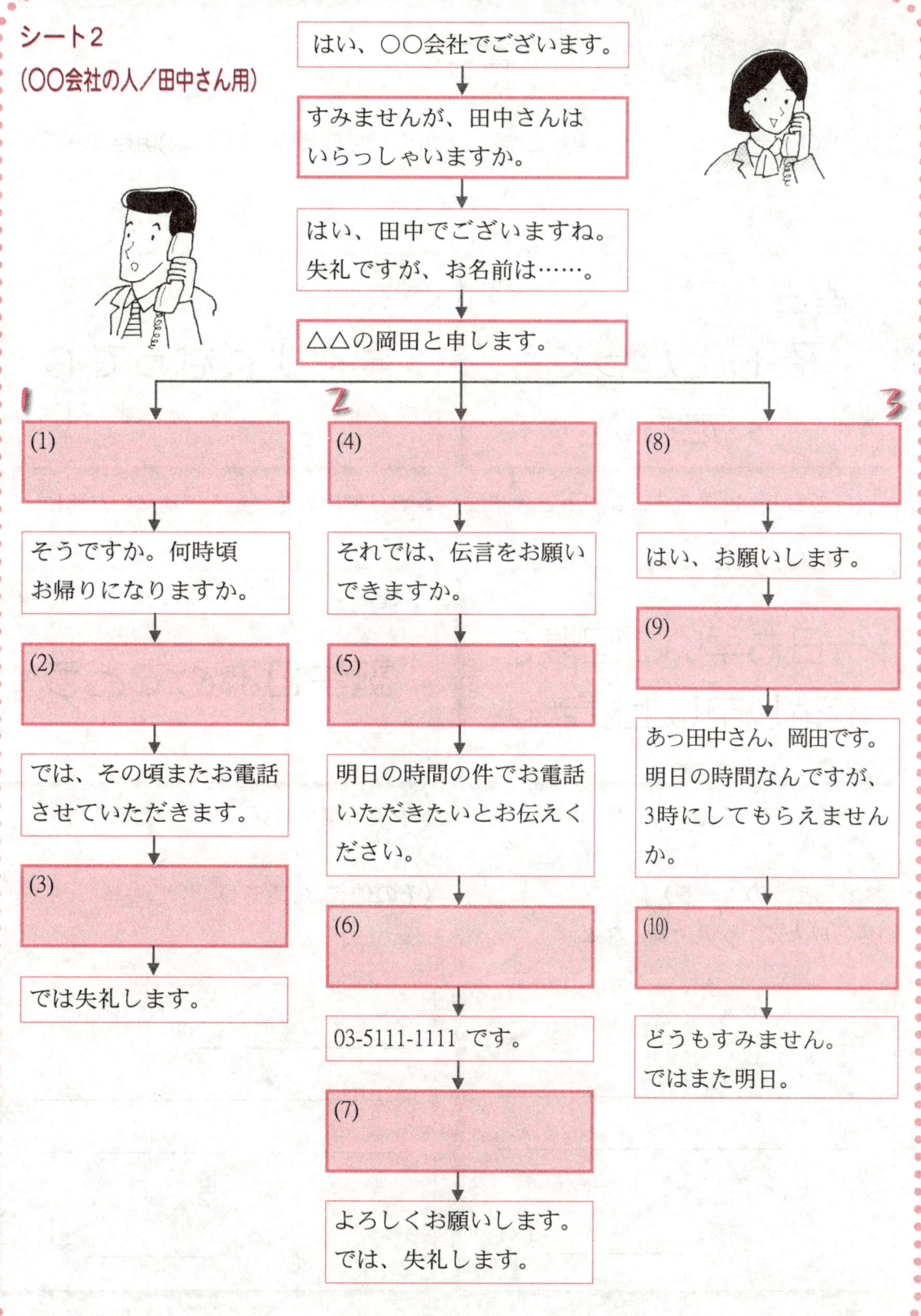

はい、○○会社でございます。

↓

すみませんが、田中さんは
いらっしゃいますか。

↓

はい、田中でございますね。
失礼ですが、お名前は……。

↓

△△の岡田と申します。

**1**
(1)

↓

そうですか。何時頃
お帰りになりますか。

↓

(2)

↓

では、その頃またお電話
させていただきます。

↓

(3)

↓

では失礼します。

**2**
(4)

↓

それでは、伝言をお願い
できますか。

↓

(5)

↓

明日の時間の件でお電話
いただきたいとお伝えく
ださい。

↓

(6)

↓

03-5111-1111 です。

↓

(7)

↓

よろしくお願いします。
では、失礼します。

**3**
(8)

↓

はい、お願いします。

↓

(9)

↓

あっ田中さん、岡田です。
明日の時間なんですが、
3時にしてもらえません
か。

↓

(10)

↓

どうもすみません。
ではまた明日。

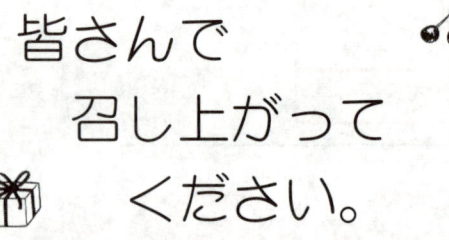 **2 カードを書こう**

下の4枚のカードを参考に、カードを作り、どんな時に使うのか、下に説明を書いてみましょう。

---

| 皆さんで<br>　召し上がって<br>　　ください。 | 早くよくなってね |
|---|---|

▶旅行のおみやげのチョコレートと一緒に　▶お見舞いの花に添えて病気の友達に

| 一日も早いご回復を<br>お祈り申し上げます。 | 誕生日おめでとう |
|---|---|

▶入院されている先生のお見舞いに　▶友達の誕生日プレゼントに添えて

〈おめでとうのカード〉　　　　　　〈その他（なんでも）〉
新年、成人式、家の新築、など

| ＿＿＿＿＿＿＿＿様<br><br>＿＿＿＿＿＿＿＿<br><br>＿＿＿＿＿＿＿＿<br>　年　　月　　日<br>　　　＿＿＿＿より | ＿＿＿＿＿＿＿＿様<br><br>＿＿＿＿＿＿＿＿<br><br>＿＿＿＿＿＿＿＿<br>　年　　月　　日<br>　　　＿＿＿＿より |
|---|---|

▶＿＿＿＿＿＿＿＿＿＿　▶＿＿＿＿＿＿＿＿＿＿

# 16 こんど、留学するそうよ

전문 / 양태의 표현 そうだ

## ✔ イラストによる文法確認

**1** 昨日、やっと梅雨が明けたそうですね。

**2** このマンション、高そうね。（F）

**3** 風が強くて、帽子が飛びそうだよ。（M）

**4** 日本の子どもは遊ぶ暇がなくて、かわいそうです。

**【 応答バリエーション 】**

**1.** **昨日の雨はすごかったですね。** (p. 107)

a) 川の水があふれそうですよ。

b) ええ、まるで台風みたいでしたね。

c) でも、水不足だそうだから、雨が降ってよかったですね。

d) そうですね。すごい音で眠れませんでしたよ。

**2.** この店、おいしそうですね。(p. 106)

   a) 入ってみましょうか。

   b) ええ、よさそうな店ですね。

   c) そうですか。すいていて、あまりおいしくなさそうだけど。

   d) 噂によると、とてもおいしいそうですよ。

**3.** あっ、痛い！足を踏まないでくださいよ。(p. 107)

   a) まあ！ハイヒールのかかとが折れそうだわ。（F）

   b) あっ、すみません。

   c) ごめんなさい。

   d) 申し訳ありません。だいじょうぶですか。

## 内容質問

会話を参考にして、次の会話の（　　）の中に、下の □ から適当な言葉を選んで適当な
形にして書いてください。

良子　　：営業2課の林さん、来月（　①　）そうよ。

真由美：どこへ？

良子　　：（　②　）そうよ。新しい企画に（　③　）らしいわ。
　　　　　　　　　　　　　　あたら　　　き かく

真由美：ふーん。林さんなら（　④　）そうね。

良子　　：毎日、家で3時間、ここ2年間も専門の勉強を（　⑤　）そうよ。

真由美：その実 力 を買われたのね。
　　　　　　じつりょく

> する　　転勤する　　本社　　できる　　参加する
> 　　　　　　　　　　　　　　　　　　　　　　　さん か

## 文法確認ドリル

**1.** 〔　　〕の中の正しいほうを選んでください。

(1) このピザ、真っ赤で、なんだか〔辛いそうだ・辛そうだ〕。
　　　　　　ま か　　　　　　　　　　　　　から

(2) 〔丈夫だそう・丈夫そう〕な人を採用しよう。

(3) 彼は大学院へ〔行かないそう・行かなそう〕よ。私、話してるの、聞いちゃった。

(4) もう、おなかがすいて〔死ぬそう・死にそう〕だ。早くご飯にならないかなあ。

(5) 5歳の娘に〔いいそう・よさそう〕な本はどれかな。


**2.** 例のように、下線の言葉を適当な形にして（　　）に書いてください。

> 例　あっ、あぶない。カバンが棚から<u>落ちる</u>（→ 落ち）そうですよ。

(1) 山田：おなかがペコペコ……。

　　鈴木：この辺には、おいしいレストランは<u>ない</u>（→　　　　　）そうだね。

　　山田：上田さんに聞いたんだけど、あのおそば屋さんは<u>おいしい</u>（→　　　　　）
　　　　　そうだよ。

　　鈴木：そう。<u>安い</u>（→　　　　　）そうだし、入ってみよう。

(2) 真由美：毎日、雨が降っていやね。

　　良子　：天気予報によると、来週、梅雨が<u>明ける</u>（→　　　　　）そうよ。

(3) 隆　　：ジョンさん、気分でも悪いんですか。

　　ジョン：いえ、虫歯が<u>抜ける</u>（→　　　　　）そうなんですよ。


**3.** （　　）の中の言葉を「～そう」を使って書いてください。

(1) 真由美：（おいしい →　　　　　）ジャムねえ。

　　恵子　：ええ、岡田さんの奥さんの（手作り →　　　　　）そうよ。

(2) 恵子：その旅行セット、（便利だ →　　　　　）ね。

　　和夫：うん、そこのスーパーで買ったんだ。

(3) 和夫：今日は、外は（寒い →　　　　　）なあ。

　　恵子：道が凍ってて、（滑る →　　　　　）だから、気をつけてね。

(4) 上田：今朝はどうしたの？ お化粧もしないで。

　　武田：（遅刻する →　　　　　）だったの。おかしい？

(5) 子供：ママ、この靴下もう少しで（穴があく →　　　　　）だよ。

　　母親：まあ、先月買ったばかりなのに。

**4.** 例のように、次の（　　　）に次ページの □ の中から言葉を選んで、適当な形にして書いてください。

例　イサガン：空がくもって、雨が（ 降り ）そうですよ。傘を持っていったほう
　　　　　　　　がいいですよ。

　　　ミゲル　　：はい。そうします。

(1) グスタボ：イサガンさん、ニコニコして、（　　　　　）そうですね。

　　　イサガン：ええ。花子さんに映画に誘われたんです。

(2) ミゲル　　：（　　　　　）そうですね。

　　　グスタボ：ええ、昨日の晩3時間しか寝ていないんです。

(3) グスタボ：天気予報では、あした台風が（　　　　　）そうですよ。

　　　ミゲル　　：そうですか。ちょっと心配ですね。
　　　　　　　　　　　　　　　　　しんぱい

(4) ケオター：イサガンさん、ニュースを聞きましたか。昨日、地下鉄で事故が
　　　　　　　　　　　　　　　　　　　　　　　　　　　　　　　　ちかてつ
　　　　　　　　　（　　　　　）そうですよ。

　　　イサガン：そうですか。知りませんでした。

(5) ミゲル　　：グスタボさん、荷物を入れすぎですよ。袋 が（　　　　　）そうです
　　　　　　　　　　　　　　　　　　　　　　　　ふくろ
　　　　　　　　よ。

　　　グスタボ：ほんとうだ。困ったなあ。

眠い　　甘い　　来る　　降る<sup>例</sup>　悲しい
うれしい　　ある　　破れる　　壊れる
　　　　　　　　　やぶ

# 「そう」を使った表現

次の絵はどんな場面でしょうか。①～⑦の＿＿に下の □ から適当な言葉を選び、「～そう」の形にして入れてみましょう。（①、④～⑦は会話の言葉、②、③は心の中で思った言葉です。）

① これ、むずかしいの。ねえ、パパ、＿＿＿＿＿？

② いやあ、ちょっと＿＿＿＿だな。

③ あっ、＿＿＿＿＿。

おばあさん、お持ちしましょう。

④ いま＿＿＿＿ね。また電話するわ。

⑤ これ＿＿＿＿だね。乗ろうか。

⑥ えーっ、＿＿＿＿。私はいやよ。

⑦ ああこわかった。心臓が＿＿＿＿だった。

| 止まる わかる 忙しい 面白い 難しい こわい 重い |

 **事故発生！**

　あっ、何か事故が起きました！ ペアになり、それぞれ新聞記者AとデスクBを演じてみましょう。新聞記者は「～そう」を使って状況を伝えてください。デスクは「～そう」を使って指示を出してください。

例　前のほうが特に＿＿＿＿＿＿＿＿＿＿＿＿＿＿。（ひどい）
　　→ A：前のほうが特に<u>ひどそうです</u>。
　　　　B：前のほうが特に<u>ひどいそうです</u>。

1. パイロットが生きている見込みは＿＿＿＿＿＿＿＿＿＿＿＿＿＿＿＿＿＿。（ない）
2. この国では過去最大の飛行機事故に＿＿＿＿＿＿＿＿＿＿＿＿＿＿＿。（なる）
3. ＿＿＿＿＿＿＿＿＿＿＿＿＿＿＿＿＿＿＿＿＿＿＿＿＿＿＿＿＿＿＿＿＿
4. ＿＿＿＿＿＿＿＿＿＿＿＿＿＿＿＿＿＿＿＿＿＿＿＿＿＿＿＿＿＿＿＿＿
5. ＿＿＿＿＿＿＿＿＿＿＿＿＿＿＿＿＿＿＿＿＿＿＿＿＿＿＿＿＿＿＿＿＿

# 台風が来ているようですよ

추량의 표현

✅ イラストによる文法確認

1 この本棚、どうやって組み立てるんだろう。

2 どうも女性みたいですね ／ まるで女性みたいですね。

3 落書きの犯人はどうも隣の子供らしいね
　／ お宅のお子さんは、元気がよくて子供らしくていいですね。

**1.** この大学の学長は女性らしいよ。(M)(p. 113)

    a) それは珍しいね。(M)

    b) ふーん、知らなかったわ。(F)

    c) 会ってみたいわね。(F)

    d) いつから女性学長になったのかしら。(F)

**2.** このヘアースタイルでいかがですか。(p. 112)

    a) これって、今、流行っているようね。(F)

    b) 耳が見えるようにしたいんだけど。

    c) 他のも見せてください。

    d) そうね、これにするわ。(F)

**3.** このハンバーグ、大豆でできてるんだって。(p. 112)

    a) ほんと？ まるで肉でできてるみたいだわね。(F)／ 〜みたいだな。(M)

    b) へえー、味はちっとも変わらないわ。(F)／ 変わらないな。(M)

    c) どうやって料理したのかしら。(F)／ どうやって料理したんだろう。(M)

    d) 健康的でいいわね。(F)／ 〜いいね。(M)

{ 内容質問 }

(1) どうして雨や風が強くなっているのですか。

(2) 木村さんは、何を迷っていますか。

(3) どうして迷っていますか。

(4) 飛行機が飛べるかどうかは、何によって決まりますか。

(5) 佐藤さんは、飛行機と新幹線ではどちらが確実だ、と言っていますか。

**1.** 例のように、〔　　〕の中の言葉を「～だろう」か「～でしょう」の形にして、会話をすすめてください。

> 例　A : このケーキ、カビがはえないんだってさ。
>
> 　　B : どうしてカビが（ はえないんだろう ／ はえないんでしょう ）。〔はえる〕

(1) A : この本棚の組み立て方、わかる？

　　B : いや、どうやって（　　　　　　　　　　）ね。〔組み立てる〕

(2) A : 今度の選挙では、誰が立候補するの？

　　B : 知らない。いったい誰が（　　　　　　　　　）ね。〔立候補する〕

(3) A : ずいぶん古いお寺ですね。

　　B : ええ、このお寺はいつ頃（　　　　　　　　　）。〔建つ〕

(4) A : 今度の社員旅行はどこにしましょうか。

　　B : そうですね、どこが（　　　　　　　　）ね。〔いい〕

(5) A : 冷戦が終わったのに、あちこちで内戦が起こっていますね。

　　B : ええ、いったいどうして戦争は（　　　　　　　　）。〔なくならない〕

**2.** 次のa・b2つの文のうち、それぞれの質問にあてはまるほうに〇を入れてください。

(1) 絶対に先生ではないのは、どちらですか。

　　（　　） a. 隣の人はどうも先生のようですね。

　　（　　） b. あの人は、まるで先生のようですね。

(2) 絶対に夫婦でないのは、どちらですか。

　　（　　） a. あそこの席のカップルは夫婦みたいよ。

　　（　　） b. あの二人、まるで夫婦みたいに息があってるね。

(3) 子供でないのは、どっちでしょう。

　　（　　） a. 子供らしくて、かわいいね。

　　（　　） b. 子供っぽいことをする人だなあ。

(4) ほめているのは、どっちでしょう。

　　（　　） a. あなたって男らしいわ。

　　（　　） b. 髪は長いけど、どうも男らしいよ。

(5) ほめているのは、どっちでしょう。

（　　　）　a. あの人がこの子のお母さんらしい。

（　　　）　b. あなたもやっとお母さんらしくなったわね。

**3.** （　　　）の中に「だろう・みたい・らしい・よう」から適当なものを選んで、書いてください。

(1) 石井さんはいつも本を読んでいて、いかにも先生（　　　　　　　）ですね。

(2) あの二人はまるで双子の（　　　　　　　）によく似ています。
ふたご

(3) アボガドはまぐろの刺し身（　　　　　　　）な味がするんですよ。

(4) すごい雨と風だ。どうやら台風が近づいている（　　　　　　　）だね。

(5) もう10日も雨が続いていますね。いったい、いつになったら止むん（　　　　　　　）。

**4.** あなたは今、横浜駅の2番線のホームにいます。下の□の中の言葉を適当な形にして、おばあさんの質問に答えてください。
ばんせん

駅のアナウンス：2番線ホームで渋谷方面行き電車をお待ちのお客様にお知らせしま
しぶやほうめん
す。先ほど、日吉、綱島間で信号故障が起こりましたので、電車
ひよし　つなしまかん　　　こしょう
の運転を停止しております。修理が終わるまで、しばらく時間が
ていし　　　　　　しゅうり
かかるかと思われます。ご迷惑をおかけして大変申し訳ありません
めいわく　　　　たいへん
が、お急ぎのお客様はJR線をご利用ください。JR線の切符は改札口
りよう　　　　　　　　　　　　　　かいさつぐち
でお渡ししています。
わた

おばあさん　　　：あのう、すみません。今、アナウンスで何と言いましたか。

あなた　　　　　：よくわかりませんが、

どこかで信号が (1) ＿＿＿＿＿＿＿＿＿＿＿＿ようです。

それで今、電車が (2)＿＿＿＿＿＿＿＿＿＿＿らしいです。

電車が動きだすまでにしばらく時間が (3)＿＿＿＿＿＿＿＿
らしいです。

急いでいる人はJR線で (4)＿＿＿＿＿＿＿＿＿＿＿ようですよ。

JR線の切符は改札口で (5)＿＿＿＿＿＿＿＿＿＿らしいです。

| もらえます　　あげます　　止まっています　　動いています　　運転します |
| :--- |
| かかります　　行ったほうがいいです　　故障します　　乗らないほうがいいです |

# 説明文を読もう

次の説明文を読んでから、下の質問に答えてください。

> これは白亜紀（約1億4400万年前～6500万年前）の恐竜の骨です。
> 　前足は小さく尾が長いのが特徴で、体長は約10メートルもあります。その小さな前足に比べて、後ろ足はどうでしょう。よく発達していますね。これは、この恐竜が後ろ足だけで歩行するタイプの恐竜だったからです。カンガルーと同じですね。
> 　恐竜には大きく分けると、肉食竜と草食竜がありますが、これは肉食竜です。脳を見ると、他の恐竜より比較的大きく、知能が発達していたことがわかります。おそらく、頭のいい「ハンター」であったことでしょう。
> 　こうした恐竜の化石は、北アメリカで多く発見されています。

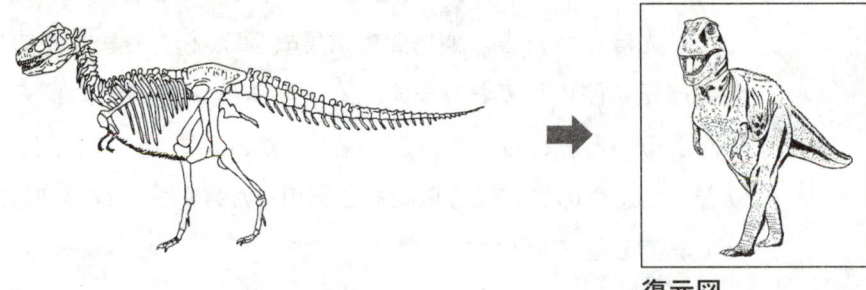

復元図
ふくげんず

◆ 質問（「らしい・よう」を使って答えてください。）

| 例 | これは何の骨かな？ | 恐竜の骨のようだよ。 |

1. いつごろの恐竜かな？ _____
2. 体長はどのくらい？ _____
3. どんな歩き方をしていたの？ _____
4. 頭はよかったのかな？ どうして？ _____
5. この恐竜の化石は、どこでたくさん発見されるの？ _____

# 18 やっぱり修理に出さないと

부사 (1) 다의적인 부사

## イラストによる文法確認

**1** ① どうもありがとう。　② どうもすみません。　③ あ、どうも。

④ どうも最近調子が悪い。

**2** やっぱり結婚するのね。

**3** ① ちょっと待って　② それはちょっと……。　③ ちょっと、そこまで。
　　ください。

3 ④ あのう、ちょっとすみません。

4 よく勝ったね。

## 応答バリエーション

**1. 先日はどうもありがとうございました。** (p. 117)

a) こちらこそ、どうもお世話になりました。

b) いいえ、どういたしまして。

c) いいえ、またいつでもどうぞ。

d) いいえ、こちらこそ。またよろしくお願いします。

**2. すいません、アンケートに答えていただけますか。** (p. 119)

a) あ、今ちょっと……。

b) あの、今時間がないので……。

c) 興味がないので、ごめんなさい。

d) ええ、いいですよ。

**3. お誕生日おめでとう。はい、プレゼント。** (p. 120)

a) まあ、よくこんな素敵なブローチ捜せたわね。

b) うれしい。こういうの、ほしかったんです。

c) わあ、きれい。どうもありがとう。

d) どうして私の誕生日知ってるの？

会話を参考にして、次の会話の（　　　）に「どうも・よく・ちょっと・やっぱり」のうち
適当なものを入れましょう。①の部分は〔テレビ・電話・パソコン〕から好きなものを選
び、②の部分は自由に考えて書いてください。

A：（　　　　　）すみません。①〔テレビ・電話・パソコン〕の調子が悪いんですけど……。

B：じゃあ、（　　　　）見てみましょうか。

A：最近、（　　　　）故障するんですよね。

B：②＿＿＿＿＿＿＿＿＿＿ればよくなりますよ。

A：（　　　　）ありがとう。あれ、また変ですよ。

B：（　　　）修理に出さないとだめかなあ。

【 文法確認ドリル 】

**1.** （　　　）の中に、「どうも・よく・ちょっと・やっぱり」から一つ選んで、文を完成さ
せてください。

(1) A：財布が見つからない。（　　　　）どこかで落としたらしい。

　　B：もう一度カバンの中を（　　　　）調べてみたほうがいいですよ。

(2) 明日、（　　　　）お宅におじゃましてもいいですか。

(3) （　　　　）この店の寿司はいつ食べてもおいしいですね。

(4) （　　　　）申し訳ございません。

(5) 山田：会議はいつしましょうか。

　　鈴木：早ければ早いほどいいですから、（　　　　）今週中にしましょう。

(6) 高山：遅れてすみません。バスがなかなか来なかったものですから。

　　河村：またですか。君はほんとうに（　　　　）遅刻するね。

(7) キャッチセールス：すみません。今、アンケートをしているんですが……。

　　通行人　　　　　：あ、今（　　　　）……。

(8) 鈴木：部長、書類ができあがりました。

　　斉藤：3日しかなかったのに、一人で（　　　　）できたね。

(9) 木村：近頃、（　　　　　）体 の調子がよくないんだ。
　　　　　　ちかごろ　　　　　　　　　　　　　　からだ
　　山田：一度、人間ドックで見てもらったらいかがですか。

**2.** 例のように、線で結んで会話を完成させてください。

例　日曜日、カラオケに行きませんか。　　・　　　　　　・ a. やっぱりね。

(1) どちらへお出かけですか。　　　　　　・　　　　　　・ b. カラオケはちょっと。

(2) コーヒー、いかがですか。　　　　　　・　　　　　　・ c. 何ですか。

(3) あの二人、離婚したんですって。　　　・　　　　　　・ d. よく調べてみた？
　　　　　　　りこん

(4) ちょっとすみません。　　　　　　　　・　　　　　　・ e. どうも。

(5) 財布がなくなったの。　　　　　　　　・　　　　　　・ f. ちょっとそこまで。

## やはり……

次の会話のAに入るものを下の選択肢①〜⑩から選んでください。答えは2つずつあります。

1. A: _____

   B: やはり、彼にリーダーの素質がありますね。
   　　　　　　　　　　　そ しつ

2. A: _____

   B: やはり、役所の対応は遅いですね。
   　　　　　　やくしょ　　たいおう

3. A: _____

   B: 日本車はやはり故障が少ないですね。

4. A: _____

   B: やはり会議は今週中にすべきですよ。

5. A: _____

   B: この仕事はやっぱり彼にまかせましょう。

＜選択肢＞

① 木村さんは、みんなの意見をよく聞いてくれます。

② 区役所に何回も頼んでいるんですが……。
　　　　　　　　　たの

③ このことは来週決めましょう。

④ 外車はときどき故障するんですよ。

⑤ この仕事は英語ができないと無理ですね。

⑥ これは去年も指摘された問題ですね。
　　　　　　　　してき

⑦ 彼はみんなから信頼されていますよ。

⑧ 会議は来週でいいですね。

⑨ この車、10年も乗っているんですよ。

⑩ この仕事は鈴木さんが一番くわしいですよ。

# あまりお金がないから…

부사 (2) 부정을 수반하는 것

## ✔ イラストによる文法確認

**1** あまりお金がありません。

**2** 決してお高くございません。

**3** スキーは全然できません。

**4** へえ、ちっとも知らなかった。

---

{ 応答バリエーション }

**1.** テストはどうでしたか。(p. 123)

   a) あまりできませんでした。

   b) 全然、わかりませんでした。

   c) まあまあ、できたと思います。

   d) できたかどうか、自信がありません。

**2.** すみません。私が悪かったんです。(p. 123)

    a) いや、決して君が悪いんじゃないよ。(M)

    b) はあ、でも、もうあまり気になさらないで。(F)

    c) ええ、これからは気をつけてくださいね。

    d) いや、こっちも悪いところはありますから……。

**3.** 明日、雨でも、Jリーグに行くわよね？(F)(p. 123)

    a) 雨だったら、あまり行きたくないわ。(F)

    b) 雨でも、絶対行くよ。(M)

    c) 全然雲がないから、たぶん降らないと思うよ。(M)

    d) もちろん行くよ。(M)

## 内容質問

(1) 店員は何を売ろうとしていますか。

(2) 店員は何と言って、恵子さんをほめましたか。

(3) 店員にほめられた時、恵子さんは何と言いましたか。

(4) 恵子さんは何か買いましたか。

(5) 恵子さんは何と言って、断りましたか。

## 文法確認ドリル

**1.** (　　　)にはどんな言葉が入るでしょうか。次ページの □ から選んで、適当な形にして書いてください。

    (1) 田村：お子さんは本がお好きですか。

        父親：いいえ。一日中、ファミコンばかりしていて、本は全然（　　　　　　　）。

    (2) 上田：山本さん、今度、大阪に転勤だそうよ。

        武井：へえ、ちっとも（　　　　　　　）。

    (3) 母親：テストはどうだった？

良子：うん。あまり（　　　　　）の。

(4) 恵子：これ、2万円もするんですか。

　　店員：はい。でも、とても品質<sub>ひんしつ</sub>がいいので、決して（　　　　　）。

(5) 山田：よくカラオケにいらっしゃるんですか。

　　木村：歌は苦手<sub>にがて</sub>なんで、めったに（　　　　　）。

| 高い　　読む　　知る　　行く　　できる |
| --- |

**2.** 例のように、次の（　　）の中に、下の□から適当な副詞を選んで書いてください。

例　一生懸命<sub>いっしょうけんめい</sub>ダイエットしているのに、（ちっとも）体重が減らないの。

(1) 国に帰ってもみなさんのご親切<sub>しんせつ</sub>は（　　　　　）忘れません。

(2) この小説はむずかしい漢字が多くて、（　　　　　）読み終わらない。

(3) くもっていたので、富士山は（　　　　　）見えなかったんです。

(4) 雨が降ったら、（　　　　　）行きたくないな。

(5) 名前を呼んでも、（　　　　　）返事もしないで、失礼な人だ。

| ちっとも例　　あまり　　全然　　決して　　なかなか　　ろくに |
| --- |

**3.** 例のように、次の質問に対して、〔　　〕の中の副詞を使って否定で答えてください。

例　レポート、もう書いた？→（まだ書いてない）。〔まだ〕

(1) テニスをなさいますか。→（　　　　　　）。〔めったに〕

(2) きのうはよく寝た？→（　　　　　　）。〔ろくに〕

(3) ずいぶん時間がかかったでしょう。→いいえ、（　　　　　　）。〔たいして〕。

(4) 何か困っていることがありますか。→（　　　　　　）。〔別に〕

(5) けがはもうよくなりましたか。→それが、（　　　　　　）んです。〔なかなか〕

## ペアを見つけよう

親子、夫婦がバラバラになっています。正しいペアを見つけて線で結んでください。

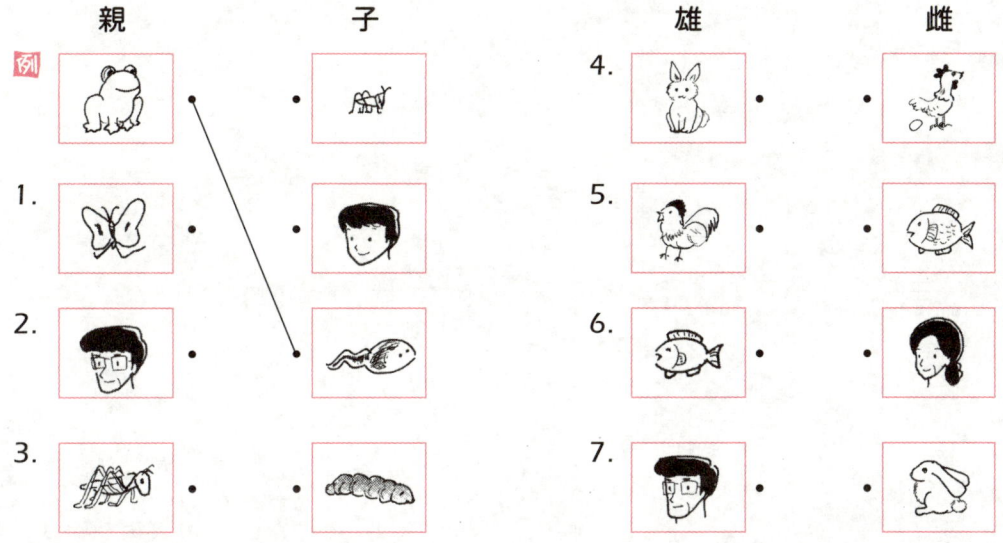

全部ペアができましたか？ では、そのペアをよく見てください。どのくらい似ているかで分類してみましょう。

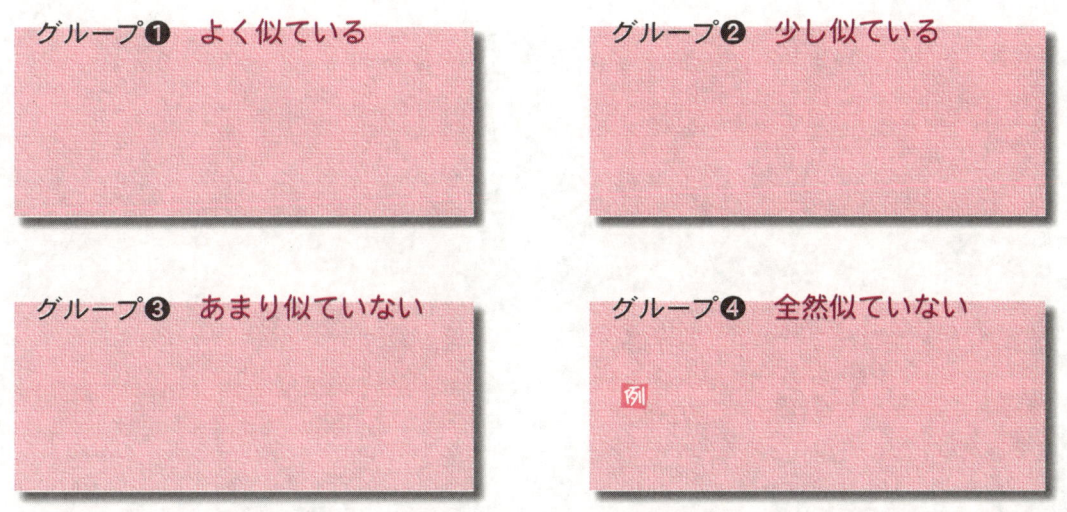

できたら、発表して他の人と比べてみましょう。また、他にもいろいろなペアを考えてみましょう。

# 20 コップはガチャンと割れちゃうし…

부사 (3) 의성어 / 의태어

# ドリル

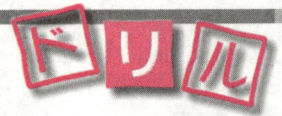

## イラストによる文法確認

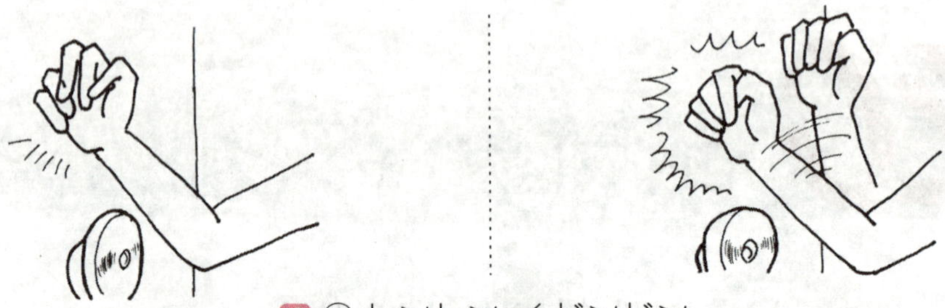

**1** ① トントン ／ ドンドン

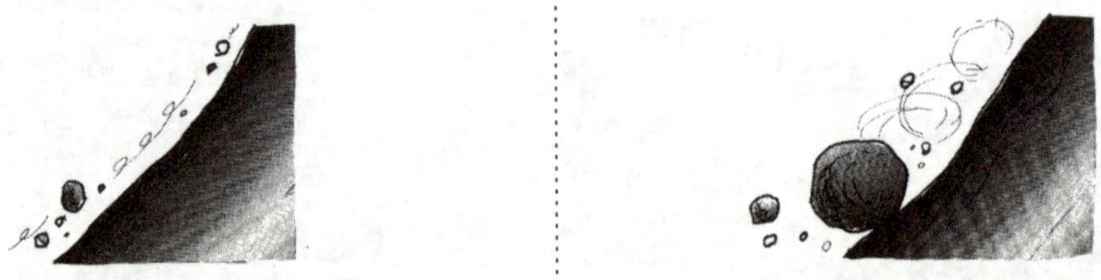

② コロコロ ／ ゴロゴロ

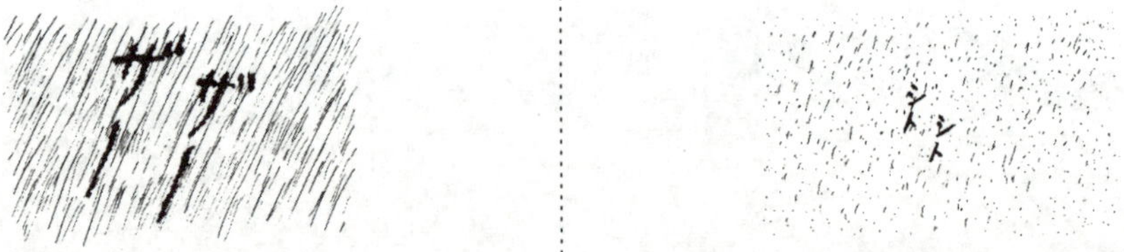


③ ザーザー ／ シトシト

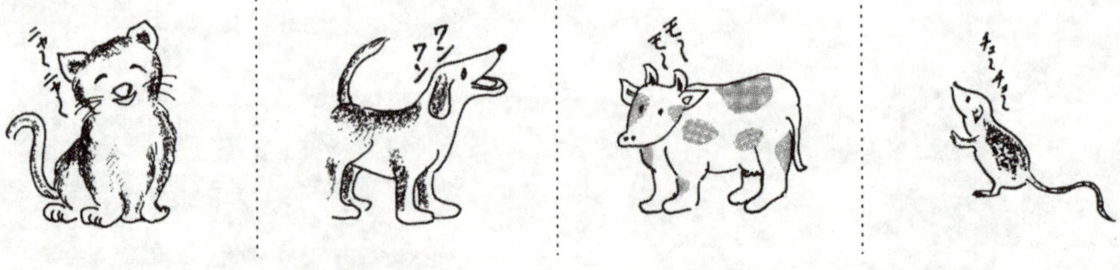


④ ニャーニャー ／ ワンワン ／ モーモー ／ チューチュー

**2** ①日本語がペラペラです。

②胸がどきどきしています。

③いらいらします。

④くたくたです。

⑤しょんぼりしています。

⑥ぴかぴかです。

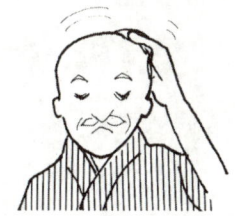

⑦つるつるです。

⑧すやすや寝ています。

⑨ふらふらです。

## 応答バリエーション

**1.** 日本語がペラペラですね。(p. 131)

   a) いえ、まだまだです。

   b) そんなことないです。

   c) いいえ。いつまで経っても、なかなか上手になれません。

   d) この頃、やっと少し話せるようになりました。

**2.** スピーチ・コンテストの準備はできましたか。(p. 131)

   a) はい。でも今から胸がどきどきしています。

   b) はい。バッチリです。

c) ええ。何とか……。

d) いいえ。まだなんです。

**3.** えっ! 毎日残業があるんですか。(p. 131)

a) そうなんです。もうくたくたですよ。

b) ええ。いやになっちゃいます。

c) はい。仕事を変えようかと思っています。

d) はい。3月は年度末なので忙しいんです。

## 内容質問

(1) 昨日、何がありましたか。

(2) その時、どんなことがありましたか。

(3) その時、どんな音がしましたか。

(4) 恵子さんは地震があった時、すぐに何をしましたか。

(5) 和夫さんは地震の時、びっくりしてあわててしまいましたか。

## 文法確認ドリル

**1.** 例のように、左の言葉と結びつく動詞を右から選んで、線で結んでください。

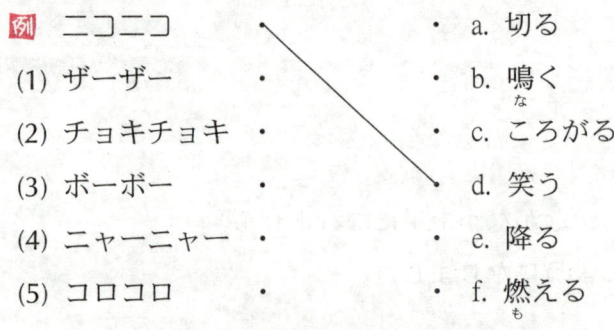

例　ニコニコ　・　　・ a. 切る

(1) ザーザー　・　　・ b. 鳴く

(2) チョキチョキ ・　　・ c. ころがる

(3) ボーボー　・　　・ d. 笑う

(4) ニャーニャー ・　　・ e. 降る

(5) コロコロ　・　　・ f. 燃える

**2.** 下の □ から一番適当な言葉を選んで、(　　)に書いてください。

(1) バスがなかなか来ないので、(　　　　　　)します。

(2) これから日本語の口頭試験があるので、（　　　　　　　　）しています。

(3) 重い荷物を持って1時間も歩いたので、（　　　　　　　）になった。

(4) 赤ちゃんが（　　　　　　　）寝ている。

(5) 太郎は先生に叱られて、（　　　　　　　）している。

しょんぼり　　ペコペコ　　どきどき　　ぴかぴか
くたくた　　すやすや　　いらいら

**3.** 絵を見て、〔　　〕の中の適当なほうを選んで、ストーリーを完成させてください。

(1) 木村さんの家です。今、午前2時です。木村さんはまだ帰っていません。あっ、木村さんが帰ってきました。木村さんは、酔っぱらって〔ぶらぶら・ふらふら〕です。木村さんはドアを〔ガンガン・ドンドン〕たたいています。とてもうるさいです。あまりうるさいので、隣の犬が〔オンオン・ワンワン〕吠えました。恵子さんがドアを開けました。恵子さんは、もう〔かんかん・きんきん〕に怒っています。あっ、〔ガチャン・グチャン〕とコップの割れる音がしました。どうしたのでしょうか。

(2) 山田さんの家です。あっ、泥棒が山田さんの家に入ろうとしています。ドアを
〔じっと・そっと〕開けると、〔がやがや・こっそり〕中に入りました。山田さん
の家族は〔ごっそり・ぐっすり〕寝ています。だれも泥棒に気がつきません。泥
棒は山田さんの奥さんの〔キラキラ・ギラギラ〕光るダイヤの指輪や山田さんの
時計を〔どんどん・とんとん〕バッグに入れています。山田さん、大変ですよ！

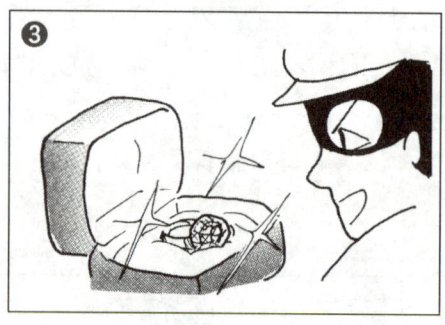

**4.** 次のa・b2つの文のうち、それぞれの質問にあてはまるほうに○を入れてください。

(1) 大きい音はどっち？

（　）a.ドアをトントンたたく。

（　）b.ドアをドンドンたたく。

(2) 大雨はどっち？

（　）a. 雨がザーザー降っています。

（　）b. 雨がシトシト降っています。

(3) うるさいのはどっち？

（　）a. 太郎がゲラゲラ笑っています。

（　）b. 太郎がニコニコ笑っています。

(4) 驚いているのはどっち？
おどろ
　( 　) a. ほっとしたわ。

　( 　) b. はっとしたわ。

(5) 遅れちゃうのはどっち？

　( 　) a. ぐずぐずしていると、……。

　( 　) b. びくびくしていると、……。

 擬音語・擬態語カルタ

擬音語・擬態語は、それが使われる場面といっしょに覚えないと、理解しにくい言葉です。場面を表す言葉から、それにふさわしい擬音語・擬態語を推理するカルタをしてみましょう！

### やり方

❶ 「読み手」をひとり選びます。

❷ 読み手は「文字カード」をよくきって、1枚ずつ読み上げます。

❸ 他の人たちはみんな「取り手」ですので、読まれた言葉に合う「絵カード」を少しでもはやく取って、その絵の擬音語・擬態語を言ってください。

❹ 1枚を1点として数え、点の一番多かった人が優勝です。

◆ 文字カード

ハンさんは
日本語が
上手だ。
[ぺらぺら]

子猫が
ないている。
[ニャーニャー]

六月は雨が
降り続く。
[シトシト]

次は私の
スピーチ、
心配だ。
[どきどき]

仕事
仕事で
疲れた。
[くたくた]

あいさつは
笑って
「こんにちは」。
[にっこり]

消しゴムが
転がった。
[コロコロ]

財布が
見つかって
安心した。
[ほっ]

赤ちゃんが
寝ている。
[すやすや]

バスを待って
いるのになか
なか来ない。
[いらいら]

お皿が
割れちゃった。
[ガチャン]

ミンさんは
彼女にふられて
しまった。
[しょんぼり]

◆ 絵カード

すやすや　くたくた　ペラペラ

いらいら　にっこり　ニャーニャー

ガチャン　コロコロ　シトシト

しょんぼり　ほっ　どきどき

# 의성어(擬音語)·의태어(擬態語)의 효과

『会話のにほんご』에서는 많은 의성어, 의태어가 사용되고 있다.

가령 8과의 恵子와 真由美와의 회화(p.51)에서는 「今日は、もうクタクタ(오늘은 완전히 녹초야!)」라는 표현이 나온다.「クタクタ」라는 불과 4음절로 真由美가 대단히 지친 상태임을 나타낼 수 있다.「私は今日、とても疲れて動くことができません(나는 오늘 매우 피곤해서 움직일 수 없어요)」라고 말하는 것보다 真由美의 피로와 그 심리적 상태를 얼마나 잘 표현하는 말인가.

그러나 외국인 학습자들이 이러한 뉘앙스를 이해하기란 매우 어렵다. 의성어·의태어는 이성보다 감성에 호소하는 힘이 강하다. 일본인은 어린 시절부터 의성어·의태어가 어떤 상황에서 어떻게 사용되어야 하는가를 무의식적으로 학습해 왔다.

프랑스의 일본학자인 オギュスタン ベルク는 "프랑스어로 개념화가 이루어질 때 일본어로 의성어·의태어를 쓸 수 있다"라고 말한다. 외국인에게 의성어·의태어를 가르칠 때에는 무언가로 개념화하여 언어로 가르치려고 하지만 좀더 나은 지도법은 없는 것일까?

『会話のにほんご』20과에서 의성어·의태어를 다뤄 일상회화 속에서 얼마나 많은 의성어와 의태어가 쓰이고 있는지 알 수 있게 했는데, 외국인 학습자가 의성어·의태어를 감각적으로 익히게 하는 데 도움이 될 것이다.

일상회화에서 쓰이는 의성어·의태어 부분을 빈칸으로 두고, 그 빈칸에 의성어·의태어 카드를 골라 넣는 게임을 한 적이 있다.

맨처음에는 「昨日の地震はすごかった。〔ポロポロ〕ときて(어제 지진은 대단했어.〔뚝뚝〕거리고)」 따위의 대답도 나왔지만 이내 「グラグラッ(흔들흔들)」이라는 단어를 생각해냈다. 지진을 이미지화하여 건물 등을 흔들어 봄으로써 흔들흔들 크게 움직이는 모양을 감각적으로 이해할 수 있기 때문일 것이다.

『会話のにほんご』에서는 외국인 학습자가 알기 쉽도록 의성어·의태어의 패턴을 제시해 놓았다. 실제 회화에서 가장 많이 쓰이는 것은 ABAB의 형태인데, 여기에서도 「ミシミシ(삐걱삐걱), びくびく(벌벌), コロコロ(대굴대굴), ゴロゴロ(데굴데굴), シトシト(부슬부슬), ワンワン(멍멍)」 등을 제시해 놓았다. 기타 형태로서는 「ABっ형:ガサッ(바스락), どきっ(두근), ぽきっ(뚝)」「A―A―형:ザーザー(좍좍), ニャーニャー(야옹야옹), メーメー(메~메~)」 등이 있다.

일반적으로 의성어는 가타카나로, 의태어는 히라가나로 쓰는데, 최근에는 이러한 구별도 없어지는 경향이며, 문장 속에서 돋보이도록 가타카나로 쓰는 경우도 많다.

의성어·의태어는 연령을 불문하고, 외국인 학습자에게 흥미를 불러일으키는 테마인 듯하다. 부디 즐겁게 수업을 하여 능숙하게 표현할 수 있기를 바란다.

# 日本の映画を見たことがありますか

형식명사 (1) こと

### ☑ イラストによる文法確認

**1** 休日には釣りに行くことも
あります。

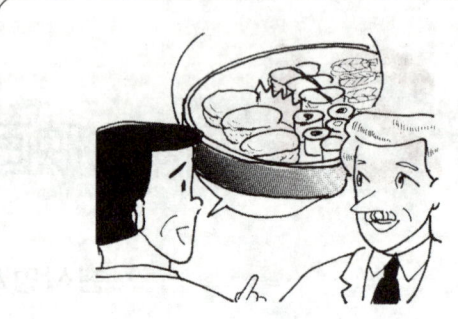

**2** お寿司を食べたことがありますか。

**3** 毎日「愛している」ということ。

**4** 歩くこと（の）は健康にいいそうよ。

---

### 【 応答バリエーション 】

**1.** ハイキングで、いのししを見ることがありますか。(p. 137)

　a) ええ。きじや猿を見ることもありますよ。

　b) いいえ。一度見たいものですね。

　c) いえいえ、そんなに山奥まで行きませんよ。

　d) いえ、私はまだ一度も見たことがありません。

**2.** 歩くこと（ の ）は健康にいいそうよ。（F）(p. 140)

    a) じゃあ、駅までバスに乗らないで、歩くよ。（M）

    b) でも、いつもカバンが重いし……。

    c) じゃあ、毎日二人で歩こうよ。（M）

    d) 自転車のほうが速いからなあ。（M）

**3.** きのう、あなたが素敵な彼と歩いているのを見たわ。（F）(p. 141)

    a) あれは弟よ。（F）

    b) 誰かしら。何時頃だった？（F）

    c) とんでもない。全然素敵じゃないわよ。（F）

    d) えっ、人違いじゃない？

## 内容質問

(1) リンダさんは日本の映画を見たことがありますか。

(2) リンダさんは、日本の映画の中で、特に誰の映画が好きですか。

(3) リンダさんは、いい映画は何回くらい見ることがある、と言っていますか。

(4) 健一さんはリンダさんのことを何と言いましたか。

(5) リンダさんは学生の頃、どんなことを決めていましたか。

## 文法確認ドリル

**1.** 例のように、（　　　）の中の動詞を「～ことがある（ない）」「～こと」を使った形にかえて、質問に答えてください。

> 例 休日はいつもゴルフですか。
> → いや、たまには（ 釣りに行く → 釣りに行くこともあります ）よ。

(1) 夕食はいつも家で食べますか。

    → いいえ、時々、（外で食べる →　　　　　　　　　　）よ。

(2) この写真の人、知ってますか。

　　→ ええ、その人なら以前一度 (会う →　　　　　　　　　　　)。

(3) 電車の中でもマンガを読みますか。

　　→ いえ、電車の中で (読まない →　　　　　　　　　　　)。

(4) 山登りはお好きですか。

　　→ ええ、富士山には、もう5回も (登る →　　　　　　　　　　　)。
　　　　ふ じ さん

(5) 今年の目標は何ですか。

　　→ そうですね。(たばこをやめる →　　　　　　　　　　　)……かな。

**2.** 左側の「答え」を読んで、その答えにあった質問を右側から選んで線で結んでください。

【答え】　　　　　　　　　　　　　　　　　　　【質問】

(1) いいえ。あまりありません。　・　　　・ a. 北海道に行ったことがありますか。
　　　　　　　　　　　　　　　　　　　　　　　 ほっかいどう

(2) はい。10年前に一度……。　・　　　・ b. ご主人は残 業 をすることがありま
　　　　　　　　　　　　　　　　　　　　　　　 ざんぎょう
　　　　　　　　　　　　　　　　　　　　　　すか。

(3) はい。わりと上手ですよ。　・　　　・ c. この部屋ではたばこを吸わないこと
　　　　　　　　　　　　　　　　　　　　　　と、約束してくれますか。

(4) はい。週に1日か2日……。　・　　　・ d. お国ではなまの魚を食べることがあ
　　　　　　　　　　　　　　　　　　　　　　りますか。

(5) もちろん、します。　　　・　　　・ e. 日本語の歌を歌うことができます
　　　　　　　　　　　　　　　　　　　　　　か。

**3.** 次の (　　) の中に、「こと」を使って適当な言葉を書き、会話を完成させてください。

(1) A：ご両親によく手紙を書きますか。

　　B：(　　　　　　　) もありますが、電話のほうが多いです。

(2) A：川端康成の小説を (　　　　　　　) がありますか。
　　　　かわばたやすなり

　　B：いいえ。でも、日本語が上手になったら読んでみたいです。

(3) A：芝生に「立入禁止」という札が立っていますね。どういう意味ですか。
　　　　しば ふ　　たちいりきんし　　　　　ふだ

　　B：「芝生には (　　　　　　　)」という意味ですよ。

(4) A：東京から大阪まで新幹線を使ったら、何時間で (　　　　　　　) ができますか。

　　B：3時間で行けますよ。

(5) A：趣味はピアノを（　　　　　　　　）です。
　　　　　　しゅみ
　　B：どんな曲が得意ですか。
　　　　　　　　　とく い

**4.** **次の文を読んで、「こと」と「の」の正しいほうを選んでください。**

(1) 3時に京都を出ると、東京に着く（こと・の）は何時になりますか。

(2) 趣味は絵をかく（こと・の）と写真をとる（こと・の）です。

(3) 時々バスに乗る（こと・の）もありますが、たいてい歩いて学校へ行きます。

(4) 昨日、ジョンさんが奥さんと歩いている（こと・の）を見ましたよ。

(5) 残業が多くて、帰宅する（こと・の）はいつも12時過ぎです。
　　　　　　　　きたく

## タスク　運くらべ

　あなたは運がいいほうですか、悪いほうですか。ペアになって幸運度を比べてみましょう。はたして、あなたのほうが幸運でしょうか。

### やり方

❶ ペアになります。

❷ 下から質問を5つ選び、相手と交互に質問しあってください。

❸ 得点表に、相手の答えに従って〇をつけます。

❹ 質問が全部終わったら、集計して、相手と「幸運度」を比べてみましょう。

　（※相手より「幸運」になるためには、質問を上手に選ぶことが大切です！）

### ◆質問

1. 宝くじの1等に当たったことがありますか。

2. 何かのコンテストで優勝したことがありますか。

3. 試験に落ちたことがありますか。

4. 景品が当たったことがありますか。

5. お金を拾ったことがありますか。

6. 犬の糞を踏んだことがありますか。

7. 交通事故にあったことがありますか。

8. 誰かに間違えられて怒られたことがありますか。

9. 旅行の時は天気がいいことが多いですか。

10. 赤信号で止まることがよくありますか。

11. 人からいろいろな物をもらいますか。

12. 蜂に刺されたことがありますか。

13. 電話をかけると相手が留守のことが多いですか。

14. キャンセルが出て、欲しいチケットが手に入ることがありますか。

15. 自動販売機でジュースを買おうと思うと売り切れのことがよくありますか。

## 得点表

| 質問 | はい | いいえ | 質問 | はい | いいえ |
|---|---|---|---|---|---|
| 1 | 20 | 0 | 9 | 5 | −5 |
| 2 | 10 | 0 | 10 | −5 | 5 |
| 3 | −5 | 10 | 11 | 10 | −5 |
| 4 | 10 | −5 | 12 | −5 | 5 |
| 5 | 5 | −5 | 13 | −5 | 5 |
| 6 | −5 | 5 | 14 | 10 | −5 |
| 7 | −20 | 10 | 15 | −5 | 5 |
| 8 | −10 | 5 | 計 | | 総計＿＿点 |

……さあ、得点が出たら、相手に言ってあげましょう！

**総得点** 50点以上！……　あなたは本当に幸運な人です。その 幸(しあわ) せをみんなにも分けてあげ
　　　　　　　　　　　ましょう。

　　　45〜30点 ……　あなたは、まあまあ幸運な人です。貴 重(き ちょう) な運を大切にしましょ
　　　　　　　　　　　う。

　　　25〜 −5点 ……　あなたは普通の人です。「楽あれば苦あり」。頑張りましょう。

　　−10〜 −35点 ……　あなたはあまり幸運な人ではありません。気をつけて生活しま
　　　　　　　　　　　しょう。

　　−40点以下！ ……　あ〜あ。あなたは本当に運のない人です。でも、せっかくの人
　　　　　　　　　　　生、頑張って楽しく明るく生きましょう！

# ディスコース練習　「こと」を使った表現

（　　）の中に①～⑤の言葉を入れて、会話の練習をしてみましょう。

会話

A：○○さんは（　①　）を（＿②＿）たことがありますか。
B：はい、あります。特に（　③　）が好きです。
A：そうですか。
B：（　④　）こともあるんですよ。
A：へえーっ、本当に（　①　）が好きなんですね。
B：ええ。（　⑤　）ことに決めているんです。

　※②に入る動詞は考えて答えてください。

例 ① 干物　② 食べる　③ あじの干物　④ 昼も夜も食べる　⑤ 健康のために魚は毎日食べる

　A：○○さんは（① 干物）を（② 食べ）たことがありますか。
　B：はい、あります。特に（③ あじの干物）が好きです。
　A：そうですか。
　B：（④ 昼も夜も食べる）こともあるんですよ。
　A：へえーっ、本当に（① 干物）が好きなんですね。
　B：ええ。（⑤ 健康のために魚は毎日食べる）ことに決めているんです。

1. ① マンガ　②＿＿＿　③ 手塚治虫　④ 一日中読んでいる　⑤ でも電車のなかでは読まない
2. ① 中華料理　②＿＿＿　③ 八宝菜　④ 自分で作る　⑤ 今夜も作る
3. ① 釣り　②＿＿＿　③ 川釣り　④ 毎週行く　⑤ でも、釣った魚は川にかえす

[184]

# 22 天気がよかったものですから

형식명사 (2) もの

✅ イラストによる文法確認

**1** 浴衣には下駄をはくものですよ。
　　ゆかた　　　げた

**2** 昔はテニスやスキーをよく
　　むかし
　やったものですが……。

**3** こんな重いもの、よく
　　持ち上げられたものだなあ。(M)

**4** すみません。でも、電車が
　遅れたものですから。

〔応答バリエーション〕

**1.** いっしょに踊っていただけませんか。(p. 148)
　　　　　　おど
　a) あのう、ダンスが下手なものですから……。
　　　　　　　　　　へた
　b) すみません、先約がありますので……。
　　　　　　　　　せんやく
　c) ええ、よろこんで。
　d) はい、よろしくお願いします。

**2.** 結婚しても名字を変えたくないという女性もいるんだよ。(M)(p. 145)

 a) 結婚したら、女性の名字は変わるものですよね。

 b) ええっ、日本では結婚すると女性の名字が変わるんですか。

 c) 働く女性が増えて、名字が変わると不便だからですよ。

 d) 子供の頃から使ってきた名字ですからね。

**3.** どんなスポーツをなさいますか。(p. 146)

 a) 昔はテニスやスキーをよくやったものですが……。

 b) 毎週2回、スポーツクラブに通っています。

 c) スポーツならなんでも（しますよ）。

 d) スポーツは、苦手で……（全然しません）。

## 〖内容質問〗

(1) 涼子さんのお姑さんは、お米はどうやって炊くものだと言いましたか。

(2) 布団はどうなりましたか。

(3) 涼子さんは、どうして布団を干したままで出かけましたか。

(4) お姑さんは、自分が若い頃はどうだった、と言いましたか。

(5) 涼子さんは、お姑さんに何と言ってあやまりましたか。

## 〖文法確認ドリル〗

**1.** 例のように、（　　）の中の動詞を「〜もの」の形にして、書いてください。

> 例 浴衣に靴はおかしいですね。浴衣には下駄を（はく → はくもの）ですよ。

(1) 太郎：おかあさん、ケーキ食べていい？

  母親：まだだめよ。デザートは食後に（食べる →　　　　　　）よ。

(2) 真由美：インターネットで買い物ができるんですって。

  恵子　：ずいぶん（便利になる →　　　　　　）ね。

(3) 恵子：今日の夕食は、ファミリーレストランでいいでしょ？

　　和夫：うん。でも、以前はこんなに外食を（しない →　　　　　　　）だけどなあ。

(4) 山田：もうボトルが半分になってますね。

　　木村：うん、よく（飲む →　　　　　　　）だなあ。

(5) リンダ：ランさん、昨日のパーティー、どうして来なかったの？

　　ラン　：あっ、急に国の友達が（遊びに来る →　　　　　　　）だから。

**2.** 大学の先生が学生に小言を言っています。また、おかあさんは子供たちに小言を言っています。「〜もの」を使って（　　　）の中に適当な言葉を書いてください。

【大学の先生】

(1) 学生は一生懸命、勉強を（　　　　　　　）だよ。

(2) 学生は暇な時間があれば、本を（　　　　　　　）だ。

(3) 昔の学生は授業に遅刻（　　　　　　　）だ。

(4) 昔の学生は先生に敬語を（　　　　　　　）だ。

(5) 昔の学生はきちんと予習（　　　　　　　）だ。

【おかあさん】

(6) 子供はテレビゲームばかりしないで、外で（　　　　　　　）ですよ。

(7) 子供は早く寝て、早く（　　　　　　　）です。

(8) 昔の子供は家の仕事をよく（　　　　　　　）ですよ。

(9) 昔の子供は親の言うことをよく（　　　　　　　）ですよ。

(10) 昔の子供は食べ物の好き嫌いを言わないで、何でも（　　　　　　　）です。

**3.** 例のように、「〜もの」を使って、言い訳してください。

> 例　宿題ができなかったとき
> → すみません。予習に時間がかかった<u>もの</u>ですから。

(1) クラスに遅刻してしまったとき

→ _____

(2) 連絡しないで会議に欠席したとき

→ _____

(3) デートに誘われたけれど、断りたいとき

→ _____

(4) あなたの大事な車を貸してほしいと友達に頼まれたけれど、断りたいとき

→ _____

(5) パーティーが退屈で、早く帰りたいとき
　　　　　　たいくつ

→ _____

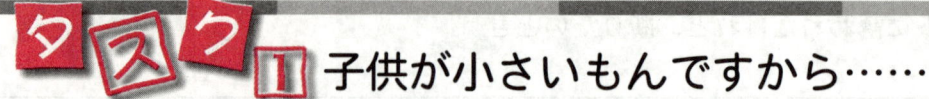

## タスク ① 子供が小さいもんですから……

「〜もんですから」を使って、理由を言ったり断ったりしてください。

例　どうしてもう帰るの？ → （子供が小さいです）
　　ー <u>子供が小さい</u>もんですから……。

1. どうしてお見合いするの？ → （「早く結婚しろ」って母がうるさいです）
　　ー ＿＿＿＿＿＿＿＿＿＿＿＿＿＿＿＿＿＿＿＿もんですから……。

2. お客さま、こちらのソファーはいかがでしょう。 → （家が狭いです）
　　ー ＿＿＿＿＿＿＿＿＿＿＿＿＿＿＿＿＿＿＿＿もんですから……。

3. 家族といっしょにご飯を食べないんですか。 → （主人の帰りが遅いです）
　　ー ＿＿＿＿＿＿＿＿＿＿＿＿＿＿＿＿＿＿＿＿もんですから……。

4. 日曜日もアルバイトですか。 → （海外旅行に行きたいです）
　　ー ＿＿＿＿＿＿＿＿＿＿＿＿＿＿＿＿＿＿＿＿もんですから……。

5. いっしょにコンサートに行きませんか。 → （明日テストがあります）
　　ー ＿＿＿＿＿＿＿＿＿＿＿＿＿＿＿＿＿＿＿＿もんですから……。

 **② 電話に出られません**

電話がかかってきましたが、今はちょっと出られません。ペアになって練習してみましょう。

**やり方**

❶ ペアになり、「**電話をかける人**」と「**電話を受ける人**」になります。

❷ 電話をかける人は「**カードA**」を手に持ちます。電話を受ける人は「**カードB**」を自分の前に並べます。

❸ 電話をかける人はカードAの中から1枚選んで、電話をかけます。

❹ 電話を受ける人は、かかってきた電話に合うカードBを選んで、リストを参考にしながら「**〜もんですから**」を使って答えてください。

❺ 一通り終わったら交代します。全部早くできたほうが勝ちです。（グループでもできます。）

---

例　電話をかける人：もしもし、〇〇さんのお宅ですか。

　　電話を受ける人：はい。

　　電話をかける人：お母さんいらっしゃいますか。（カードA）

　　電話を受ける人：母はてんぷらをあげている**もんですから**（カードB）今ちょっと手がはなせません。（リスト）

◇ カードA

| | | |
|---|---|---|
| ◇お母さん、<br>　いらっしゃいますか。 | ◇お姉さん、<br>　いらっしゃいますか。 | ◇太郎君、<br>　お願いします。 |
| ◇＿＿＿＿さん、<br>　いますか。 | ◇お父さん、<br>　いらっしゃいますか。 | ◇＿＿＿＿＿＿＿。 |

◆ カードB

| | | |
|---|---|---|
| ◆母はてんぷらを<br>　あげています。 | ◆姉は今お風呂に<br>　入っています。 | ◆太郎は風邪で<br>　寝ています。 |
| ◆私は今から急いで出か<br>　けなければなりません。 | ◆父は今ちょっと<br>　外出しています。 | ◆＿＿＿＿＿＿＿。 |

**リスト**

・今どうしても出られないんです。

・今ちょっと手がはなせません。

・あとでこちらからお電話させます。

・何かご伝言はありますか。

・10分ぐらいしたら、またかけ直していただけますか。

・あとで折り返しお電話すると言っています。

・のちほどこちらからお電話差し上げます。

# 형식명사(形式名詞)

　일본어의 형식명사에는 「こと」 「もの」 「ところ」 「わけ」 「ほう」 「だけ」 「つもり」 「せい」 「はず」 「ばかり」 「ほど」 「みたい」 등 여러 종류가 있다.

　그 자체로는 의미를 지니지 않지만 주로 용언 뒤에 붙어 뉘앙스를 자유자재로 변화시킨다. 일본어 학습자가 형식명사를 자유자재로 구사할 수 있다는 것은 일본어라는 바다에 출항하는 배에 강력한 엔진을 단 것과도 같다.

　『会話のにほんご』는 21과에서 「〜こと」, 22과에서 「〜もの」, 23과에서 「〜ところ」, 24과에서 「〜わけ」, 25과에서 「〜ほう」를 다루고 있다. 자연스러운 회화문 속에서 형식명사가 어떻게 쓰이고 있는지 교재를 읽어본 후에 워크북 연습을 하기 바란다.

　어떤 남미 유학생의 「先生、私は川下りをしていて、ワニを見ることがあるんです(선생님, 저는 배를 타고 강을 내려오면서 악어를 보는 경우가 있습니다)」라는 말을 들은 적이 있다. 이 말을 들은 나는 「よく、川下りをするんですか。そんなにワニがいて、危険ではありませんか(자주 배를 탑니까? 악어가 있는데 위험하지 않습니까?)」라고 말했다. 그러자 유학생은 「ノー、ノー、ワニを見たのは一回だけです(아니오, 악어를 본 것은 한 번뿐입니다)」라고 대답했다. 「ああ、ワニを見たことがあるんですか(아, 악어를 본 적이 있는 겁니까?)」라고 다시 말하자, 그는 「はい、見ることがあるんです(예, 보는 경우가 있습니다)」라고 대답했다. 21과의 응용회화 1과 2를 비교해 보면 알 수 있듯이 「동사의 사전형+こと」와 「동사의 た형+こと」는 전혀 다른 의미이다. 「ワニを見ることがある(악어를 보는 경우가 있다)」는 가끔 있는 일을 나타내지만, 「ワニを見たことがある(악어를 본 적이 있다)」는 그것이 진귀한 경험임을 나타낸다. 따라서 「川下りをしていて、魚を見たことがあります(배 타고 강을 내려오면서 고기를 본 적이 있습니다)」라는 문장은 성립될 수 없다. 고기를 보는 것은 당연한 일이기 때문이다.

　「日本語を話す時には、文法にも注意するものです(일본어를 말할 때는 문법에도 주의해야 하는 법입니다)」의 「〜もの」는 22과의 응용회화 1에 나온다. 「동사의 사전형+もの」는 어떤 일이나 사항이 당연히 있다는 것을 나타내며, 듣는 이에게 주의를 준다.

　여러 나라의 습관을 「ものです」를 사용하여 연습했는데, 어느 영국인이 「サラダは夕食に食べるものです(샐러드는 저녁식사에 먹어야 합니다)」(일본인은 흔히 아침에 먹지만, 영국에서는 그런 습관이 없다.)라고 하거나, 「タイでは、他の人の頭には触らないものです(태국에서는 다른 사람의 머리에는 손대지 않는 법입니다)」(일본인은 곧잘 어린이의 머리를 쓰다듬지만, 태국에서는 실례이다.)라고 하여 수업이 말 그대로 타문화의 커뮤니케이션장이 되어 버린 적이 있다.

　22과의 응용회화 4에 나오는 변명의 의미인 「〜ものだから」의 경우, 외국인은 대체로 변명하는 것이 서툴고 진심을 그대로 말해 버려 손해를 보는데, 이 「〜ものだから」를 능숙하게 사용하면 그 핸디캡을 피할 수 있을지도 모른다.

　형식명사는 재미있다. 자, 이제부터 일본어라는 바다로 노저어 나가자. 그곳에는 지금까지 볼 수 없었던 세계가 보일 것이다.

# 23 今、コピーしたところです

형식명사 (3) ところ

## ✔ イラストによる文法確認

**1** これからケーキを
切るところです。

**2** 今、ケーキを
切っているところです。

**3** 今、ケーキを
切ったところです。

**4** 新聞で読んだところによると、
……。

---

### ｛ 応答バリエーション ｝

**1.** 課長、ちょっとお時間よろしいでしょうか。(p. 151)

a) いや、すまないが、ちょっと出かけるところなんだ。(M)

b) いいよ。なにかな？

c) 今、大切な電話を待っているところだから、後にしてもらえるかな。(M)
　　　たいせつ

d) いいですよ。一区切りしたところですから。
　　　ひとくぎ

**2.** あのテーブルに座ってもいいですか。(p. 152)

a) すみません。いま片づけているところですので、もう少々、お待ちください。

b) 順番が来たらお呼びしますので、しばらくお待ちください。

c) 申し訳ございません。予約席ですので……。

d) 禁煙席ですが、よろしいですか。


**3.** 夕食、ごいっしょにいかがですか。(p. 153)

a) いいですね。ちょうど仕事が一段落したところですから。

b) すみません。今日はちょっと……。

c) 申し訳ない。今日は、息子の誕生日なもので……。

d) そうですね。どこに行きましょうか。


## ﹛内容質問﹜

(1) 部長は武井さんに何を頼んでいましたか。

(2) 売上げのレポートは誰がまとめていますか。

(3) 部長はそのことを、誰から聞きましたか。

(4) 佐藤さんは、今レポートをまとめていますか。

(5) 部長は武井さんに、何をしておくように言いましたか。


## ﹛文法確認ドリル﹜

**1.** 例のように、下の □ から適当な動詞を選んで、「〜ところ」を使って(　　)に書いてください。

> 例　A：卒論、進んでる？
>
> 　　B：ええ、下書きはできたので、これから(清書するところ)です。

(1) A：この前貸したビデオ、もう見た？

　　B：ちょうどこれから(　　　　　　　　)なんだ。

(2) A：今からそちらにうかがってよろしいでしょうか。

B：ごめん。あとにしてくれないか。ちょうど（　　　　　　　　　）なんだ。

(3) A：お風呂、わいてる？
　　　ふろ

B：ええ、ちょうど（　　　　　　　　　）よ。

(4) A：この前の会議の資料、見つからないんですが……。

B：あ、僕も今ちょうどそれを（　　　　　　　　　）なんですよ。

(5) A：先頭は今、どこらへんですか。
　　　せんとう

B：たった今、35キロ地点を（　　　　　　　　　）です。

(6) 〔リリーン♪♪、友達から電話がかかってきました。〕

A：もしもし。あ、ごめん。今、天ぷらを（　　　　　　　　　）なので、またあと
　　で、こちらから電話するね。

(7) A：遅くなってごめんなさい。

B：だいじょうぶだよ。ぼくも今（　　　　　　　　　）だから。

(8) 〔隣の部屋のステレオの音がうるさいです。〕

A：すみません。今、赤ん坊が（　　　　　　　　　）ので、もう少し音を小さくして
　　ぼう
　　いただけませんか。

(9) 客　　　　　　：ここに座ってもいいですか。

ウェイトレス：すみません。今、（　　　　　　　　　）ので、もう少々お待ちくだ
　　　　　　　　さい。

(10) 恵子：スーパーのそばに新しい駅ができるみたいね。

和夫：うん。新聞で（　　　　　　　　　）によると、駅ビルも建つそうだよ。

---

通過する　　わく　　探す　　清書する例　　出かける　　読む　　見る
あげる　　来る　　行く　　かたづける　　寝る　　起きる

---

**2.** 例のように、「～ところ」を使って書いてください。

---

例　あなたが昼御飯を食べに行こうとしたら、友達が来ました。いっしょに食べに
　　行くように、誘ってください。

　　→ 今から（昼御飯を食べに行くところなんだけど）、いっしょに行かない？

---

(1) あなたは宿題をしています。友達が買い物にいっしょに行こうと、誘いに来ました。理由を言って、断ってください。

→ 今（　　　　　　　　　　　　）だから、また今度ね。

(2) 今、朝の8時30分です。家を出ようとしたら、セールスマンが来ました。断ってください。

→ これから（　　　　　　　　　　　　）ので、結構です。

(3) 3分前に山田さんは会社を出て、家へ帰りました。山田さんの友達が山田さんに会いに来ました。走れば、山田さんに駅で会えるかもしれません。

→ 山田さんは今（　　　　　　　　　　　　）から、走れば駅で会えると思いますよ。

(4) 先ほど、あなたは部長に、資料をコピーするように頼まれました。でも、まだしていません。部長が「資料のコピー、やってくれた？」と聞いています。答えてください。

→ すみません。これから（　　　　　　　　　　　　）です。

(5) あなたはニュースのアナウンサーです。「小中学校の学習時間を見直す」と文部省が発表したことについて、報道してください。

→ 文部省が（　　　　　　　　　　　　）によると、小中学校の学習時間が見直されることになりました。

# マラソン実況中継

　さあ、これから女子マラソンが始まります。それぞれの場面のレポーターになって状況を伝えてください。いったい誰が優勝するでしょうか。（（　　）の中の言葉は、絵を見て、例のように適当な形に直してください。）

**場面❶**

さあいよいよ女子マラソン。いま、ちょうどみんなスタートしたところです。あっ！どうしたのでしょう。森さんが転んでしまいました！大丈夫でしょうか……足が痛そうです。

**場面❷**

おっ、水田さんはちょうど坂を（例 登る → 登った）ところです。続いて木村さん。彼女は、いま、急な坂を（例 登る → 登っている）ところです。転んでしまった森さんはどうでしょう。あっ、来ました。これから坂を（例 登る → 登る）ところです。

**場面❸**

水田さんは速いですねえ。いま折り返し地点を（回る → ＿＿＿＿＿）ところです。でも少し疲れてきたようですね。木村さんは折り返し地点を（回る → ＿＿＿＿＿）ところです。森さんも頑張っていますよ。これから折り返し地点を（回る → ＿＿＿＿＿）ところです。

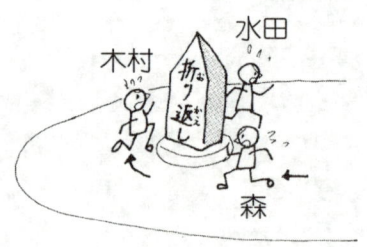

### 場面 ④

1位争いが激しくなってきました。いま、木村さんが水田さんを（抜く → ＿＿＿＿＿）ところです。だんだん調子が出てきたようです。続いて森さんも水田さんに追いつきました。水田さんを（抜く → ＿＿＿＿＿）ところです。水田さんはかなり疲れているようですねえ。ちょうど、水を取って頭から（かける → ＿＿＿＿＿）ところです。さあ、おもしろくなってきました。

### 場面 ⑤

さあゴールが近づいてきました。各選手最後の頑張りです。森さんはいま競技場に（帰ってくる → ＿＿＿＿＿＿）ところです。木村さんを一生懸命追っています。でも木村さん強い！もう少しで（ゴールする → ＿＿＿＿＿）ところです。水田さんはどうでしょうか。ああ、来ました。いま競技場に（入る → ＿＿＿＿＿）ところです。

◆ 質問

さて、優勝したのは誰でしょう。下に名前を書いてみましょう。

＿＿＿＿＿さん　　　　＿＿＿＿＿さん　　　　＿＿＿＿＿さん

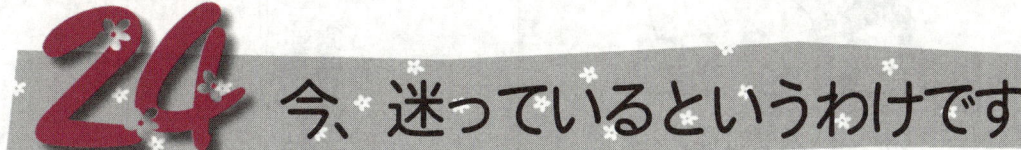

# 24 今、迷っているというわけです

형식명사 (4) わけ

## ☑ イラストによる文法確認

**1** 毎月連載していたコラムが本に
なったというわけです。
<small>れんさい</small>

**2** 明るいわけだ。もう 10 時だもの。

**3** ベジタリアンというわけでも
ないんだけど……。

**4** ひとりだけ反対するわけには
いかないよ。

## ﹝応答バリエーション﹞

**1.** 高木さんはいつも遅刻しますからねえ。 <small>(p. 158)</small>

    a) それで、出世が遅いわけですね。

    b) 人のことは言えませんよ。

    c) 本当に困ったものですね。

    d) どうしたわけなんでしょうねえ。

**2.** 肉、召し上がらないんですか。(p. 159)

    a) ベジタリアンというわけでもないんだけど……。

    b) 最近、太り過ぎで……。

    c) はい、いただきます。

    d) ええ。もしよろしかったら、どうぞ。

**3.** この本貸してくれない？ (p. 160)

    a) 悪いけど、それ、借りた本なので、貸すわけにはいかないんだ。(M)

    b) うん、いいよ。

    c) 読み終わったらね。今、読んでるところなんだ。(M)

    d) 大事な本だから、必ず返してね。

## ｛ 内容質問 ｝

(1) 岡田さんは、ベトナムへの転勤を断りましたか。

(2) 岡田さんはどうして転勤に乗り気になれないのですか。理由を2つあげてください。

(3) 会社から正式に転勤を言い渡されても、岡田さんは転勤を断れますか。

(4) あなたも、奥さんに子供ができたら、ベトナムに転勤したくないですか。

(5) あなたは、会社の仕事と家庭とどちらを大切にしますか。

## ｛ 文法確認ドリル ｝

**1.** 下の □ の中から適当な言葉を選び、（　　　）の中に入れてください。

花子　：どうしてお見合いを断ったんですか。

真理子：相手の人が嫌いという（(1)　　　　　　　　　）んです。

花子　：じゃ、どうして。

真理子：仕事がおもしろくなってきたところなので……。

花子　：じゃ、一生結婚しないという（(2)　　　　　　　　　）か。

真理子：いいえ、そういう（(3)　　　　　　　　　）んですが、まだしばらくは一人で
　　　　いたいんです。

花子　　：じゃ、お見合いしなければよかったのに。

真理子：お隣の林さんのご紹介だったんで、断る（(4)　　　　　　　　）んです。

花子　　：それで、お見合いを引き受けた（(5)　　　　　　　　）ね。

---

わけにはいかなかった　　わけです　　わけではない

---

**2.** 例のように、（　　）の中の動詞を適当な形にして、「～わけ」を使って書いてください。

---

**例**　A：どうしても断れなくてね。

　　　B：それで、仕事を（引き受ける → 引き受けたというわけ）ですね。

---

(1) A：写真は子供の頃から好きだったんです。

　　B：それが今では（職業になる →　　　　　　　　）ですね。

(2) A：モンゴルの文化にずっと憧れていたんです。

　　B：それで、モンゴル語を一生懸命（勉強する →　　　　　　　　）だね。

(3) A：実はほかに好きな人がいるんです。

　　B：どうりで、このお見合いに（乗り気になれない →　　　　　　　　）ね。

(4) A：じゃあ、この方針に反対なんですね。

　　B：いや、（反対ではない →　　　　　　　　）のですが。

(5) A：ゆっくり休養されたほうがいいですよ。

　　B：でも、サラリーマンがそんなに長く（休めない →　　　　　　　　）からね。

(6) A：どうして日本に留学されたんですか。

　　B：日本語を勉強しているうちに、どうしても日本で（暮らしてみたくなる

　　　　→　　　　　　　　）です。

(7) A：そんなに私のことが嫌いなのね。

　　B：いや、それは誤解です。あなたが（嫌いではない →　　　　　　　　）。

(8) A：窓を見て。雪が降ってる！

　　B：どうりで、（寒い →　　　　　　　　）だ。

(9) A：本当のことを言うべきではないでしょうか。

　　B：でも、今、本人にガンだと（言えません →　　　　　　　　）。

(10) A：Bさんはベジタリアンなんですか。

　　B：いや、（そうではない →　　　　　　　　）。ただ、肉と魚が嫌いなだけです。

# がんばる木村さん一家

次の会話は、誰のものでしょうか。下の絵の右にある〔　〕に記号を書いてください。記号を書き入れたら、例のように＿＿＿に言葉を入れて文を作ってください。

> 例 月に2～3回は出張があるもので……、なかなかゆっくりできませんね。
> A：就職が決まったら、旅行に行くんです。アルバイトは休めません。
> B：毎日、掃除して、洗濯して、食事を作って……。疲れてしまって、家事をしたくないこともあるんですよ。
> C：たまには早く帰りたいんですが、ほとんど毎日残業しています。
> D：うちの母は疲れると、すぐ怒るんです。そういうときにはお手伝いしなくちゃね。
> E：卒論を提出しなければ、卒業できないんです。
> F：今度の日曜日、取引先の社長からゴルフに誘われたんです。つきあいは断れませんからね……。
> とりひきさき
> G：今日テストなの。朝4時まで勉強していたのよ。眠いけど学校へ行かなきゃ。
> H：家族の世話も大変なのよ。風邪を引いても寝ていられないわ。

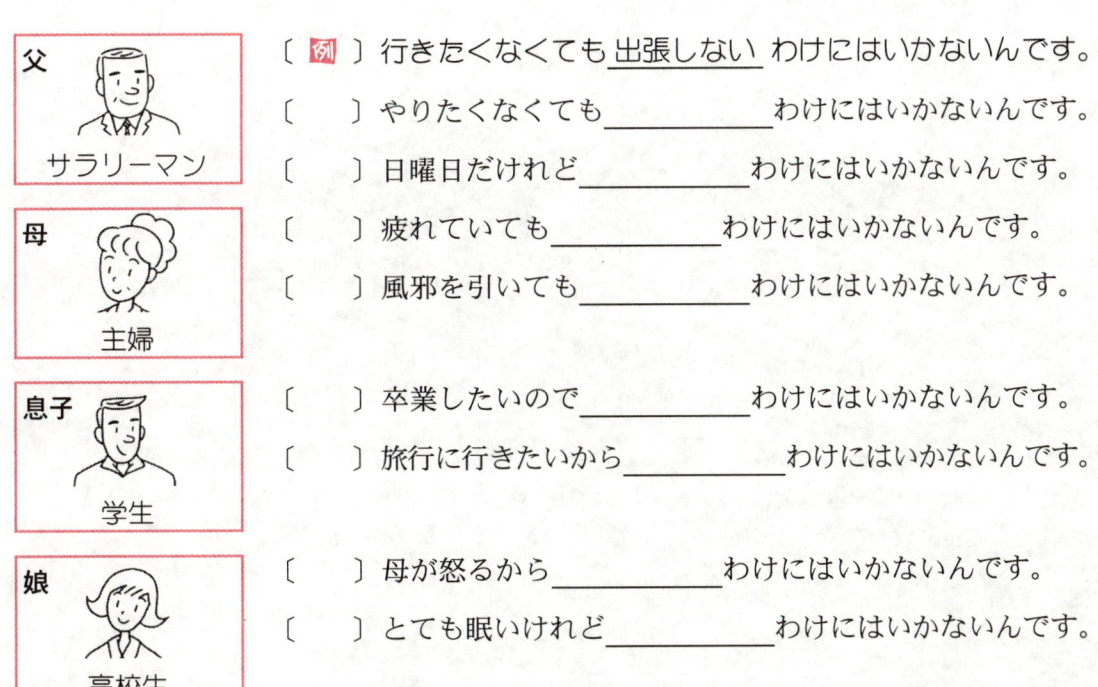

**父** サラリーマン

〔 例 〕行きたくなくても 出張しない わけにはいかないんです。

〔　〕やりたくなくても＿＿＿＿＿＿わけにはいかないんです。

〔　〕日曜日だけれど＿＿＿＿＿＿わけにはいかないんです。

**母** 主婦

〔　〕疲れていても＿＿＿＿＿＿わけにはいかないんです。

〔　〕風邪を引いても＿＿＿＿＿＿わけにはいかないんです。

**息子** 学生

〔　〕卒業したいので＿＿＿＿＿＿わけにはいかないんです。

〔　〕旅行に行きたいから＿＿＿＿＿＿わけにはいかないんです。

**娘** 高校生

〔　〕母が怒るから＿＿＿＿＿＿わけにはいかないんです。

〔　〕とても眠いけれど＿＿＿＿＿＿わけにはいかないんです。

もっと頑張ったほうがいいですよ

형식명사 (5) ほう

# ドリル

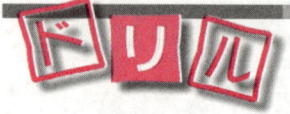

## イラストによる文法確認

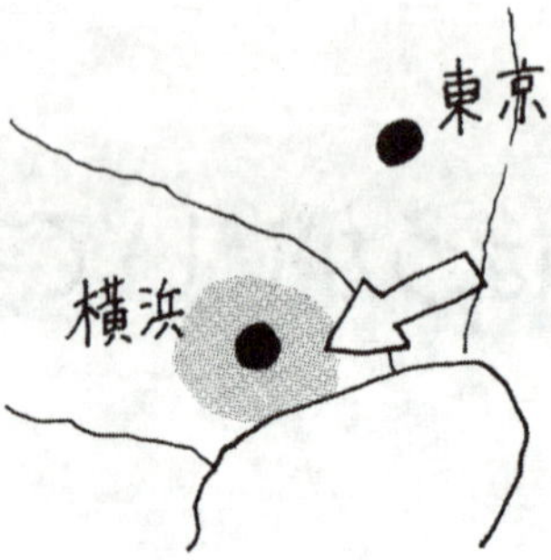


1 横浜のほうに支店(してん)があります。

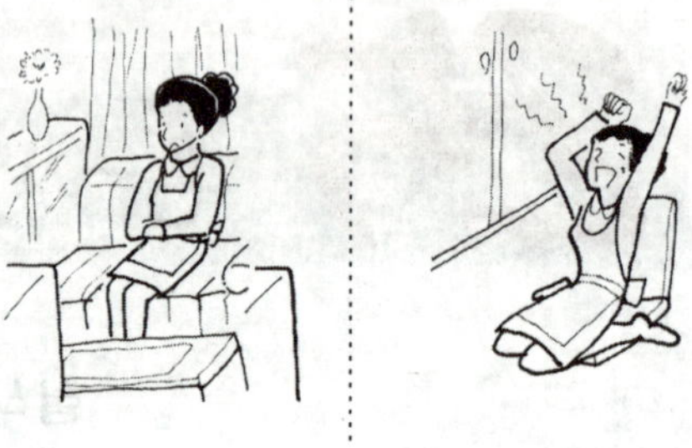

2 洋室より和室のほうがくつろぐわ。（F）

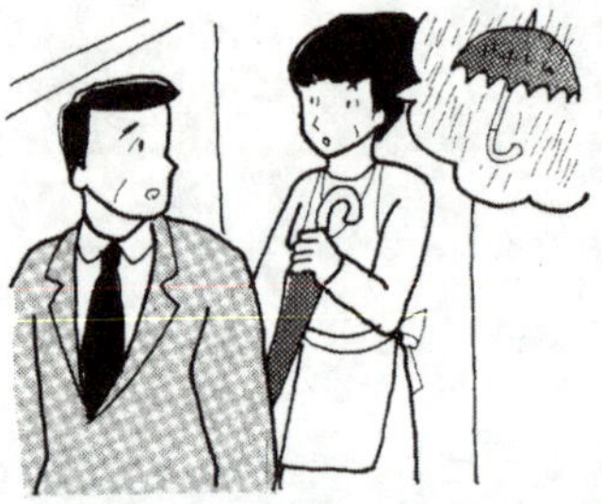

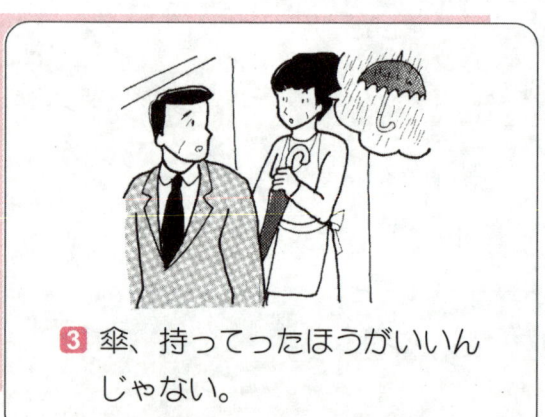

3 傘、持ってったほうがいいんじゃない。

## 応答バリエーション

**1. 学生結婚で、生活のほうは大丈夫ですか。**(p. 163)

a) ええ、奨学金(しょうがくきん)とアルバイトで、お金のほうはなんとかなると思います。

b) 生活のほうはいいんですが、勉強のほうが時間が足りなくて……。

c) ええ、おかげさまでなんとかやっています。

d) 日本は物価が高いので、たいへんです。

**2.** 日本では、あまりはっきり断らないほうがいいんでしょう？ (p. 165)

    a) そうですが、この場合はちゃんと断ったほうがいいですよ。

    b) そうですね。目上の人には失礼になりますからね。

    c) 時と場合によりますよ。セールスマンにははっきり言わないとダメですよ。

    d) はっきり断られると、次から誘いにくいですね。


**3.** 住むところは、もう探しているの？ (p. 163)

    a) 今、千葉のほうにアパートを探しているところです。

    b) いや、まだなんだ。急いだほうがいいかな。（M）

    c) 実は、大学の宿舎に入れることになったんです。

    d) うん、探しているんだけど、なかなか見つからないんだ。（M）


## ⊏ 内容質問 ⊐

(1) ジョンさんの勉強は進んでいますか。

(2) ジョンさんは何が苦手ですか。

(3) ジョンさんは何の試験を受ける予定ですか。

(4) 受かるためには、どうしたほうがいいですか。

(5) ジョンさんはどうするつもりですか。


## ⊏ 文法確認ドリル ⊐

**1.** 例のように、（　　　）の中の言葉と「〜ほう」を使って、書いてください。

> 例　A：お住まいはどちらですか。
>     B：（横浜 → 横浜のほう）です。

(1) A：（専門の勉強 →　　　　　　）は進んでいますか。

    B：ええ。今、実験でとても忙しいです。

(2) A：洋食と和食とどちらが好きですか。

B：(和食 →　　　　　　　) が好きです。

(3) A：雨が降りそうだね。

　　B：(傘を持っていく →　　　　　　　) がいいようだね。

(4) A：道路が込んでいるようですね。

　　B：やっぱり車より (地下鉄 →　　　　　　　) が速そうですね。

(5) A：最近、太ってきちゃったみたいなんだ。

　　B：もっと (運動する →　　　　　　　) がいいですよ。


2. 下の □ から適当な動詞を選んで、適当な形にして (　　) に書いてください。

(1) 遅いから、今日はもう (　　　　　　　) ほうがよさそうだ。

(2) 便利だから、ファックスを (　　　　　　　) ほうがいいよ。

(3) ダイエットしているなら、甘いお菓子は (　　　　　　　) ほうがいいと思いわ。

(4) 嫌なときは、はっきり (　　　　　　　) ほうがいいですよ。

(5) 風邪をひいているときはたばこを (　　　　　　　) ほうがいいですよ。

> 吸う　　断る　　食べる　　帰る　　終わる　　飲む　　買う


3. 例のように、「〜ほう」を使って質問に答えてください。

> 例　Q：ご両親のどちらに似ていますか。
>
> 　　A：そうですね。父よりも母のほうに似ているようです。

(1) Q：和室と洋室、どちらがくつろぎますか。

　　A：そうですね。＿＿＿＿＿＿＿＿＿＿＿＿＿＿＿＿。

(2) Q：うどんとそば、どちらが好きですか。

　　A：えーと、＿＿＿＿＿＿＿＿＿＿＿＿＿＿＿＿。

(3) Q：日本語の勉強で、文法と聴解とどちらが得意ですか。
　　　　　　　　　　　　　　　　ちょうかい

　　A：やっぱり＿＿＿＿＿＿＿＿＿＿＿＿＿＿＿＿。

(4) Q：大阪と横浜では、どちらが人口が多いと思いますか。

　　A：うーん、＿＿＿＿＿＿＿＿＿＿＿＿＿＿＿＿。

(5) Q：日本では、高校生と大学生では、どちらが勉強時間が長いと思いますか。

　　A：それは、＿＿＿＿＿＿＿＿＿＿＿＿＿＿＿＿。

**4.** （　　　）の中に「こと」「もの」「ところ」「わけ」「ほう」のうちもっとも適当なものを書いてください。

(1) 事故で道路が渋滞しているから、車より電車の（　　　）が早く着きますよ。

(2) この資料は社外秘なので、他の会社の人には見せる（　　　）にはいかないんですよ。

(3) 若い頃はたくさんお酒を飲んだ（　　　）ですが、最近はあまり飲まなくなりました。

(4) ハンバーガーショップで2か月ほどアルバイトした（　　　）があります。

(5) ファッション誌が書いている（　　　）によれば、来年は長いスカートが流行するそうです。

(6) 朝5時に起きたのだから、眠い（　　　）です。

(7) あんな小さい力士がよく横綱に勝った（　　　）だなあ。

(8) 夕食は外で食べる（　　　）もありますが、だいたい家で食べます。

(9) 今からそちらに出かける（　　　）ですが、何か買っていくものがありますか。

(10) 仕事の（　　　）は順調なんですが、最近体調が悪くて……。

(11) 「結婚したら、女性の名字は変わる（　　　）」という考え方には賛成できません。

(12) 授業中にガムをかまない（　　　）、って言ったでしょう。わかりましたか。

(13) 今ちょうどお茶をいれた（　　　）ですから、一杯いかがですか。

(14) アリさんが学校を休んだので、アパートに行ってみたら赤い顔をして寝ていたという（　　　）です。

(15) 台風が来ているようですから、飛行機よりも新幹線で行った（　　　）がよさそうですね。

(16) 趣味は絵をかく（　　　）です。

(17) ケーキが嫌いという（　　　）ではないんですが、もうおなかがいっぱいなんです。

(18) 熱があるなら、お風呂に入らない（　　　）がいいですよ。

(19) 夜、友達が遊びに来た（　　　）ですから、宿題ができませんでした。

(20) 今、予約を確認している（　　　）ですから、もうしばらくお待ちください。

## ディベート

　あなたは次の問題に賛成ですか、反対ですか。それぞれのグループに分かれて、意見を言ってください。相手チームの人の考え方を変えさせたほうが勝ちです。

1. [原子力発電]
   <sub>げん し りょくはつでん</sub>
今、あなたの家の近くに原子力発電所を作ろうという計画があります。あなたはこの計画に賛成ですか、それとも反対ですか。それはどうしてですか。

### 賛成派

例 私は賛成です。生活は便利なほうが絶対にいいと思います。

### 反対派

例 私は絶対反対です。いくら便利でも事故がないほうがいいからです。

2. [終身雇用制]
しゅうしんこようせい

あなたの子供が就職することになりました。子供は、「終身雇用制」の会社に入りたいと言っていますが、あなたは賛成ですか、反対ですか。それはどうしてですか。

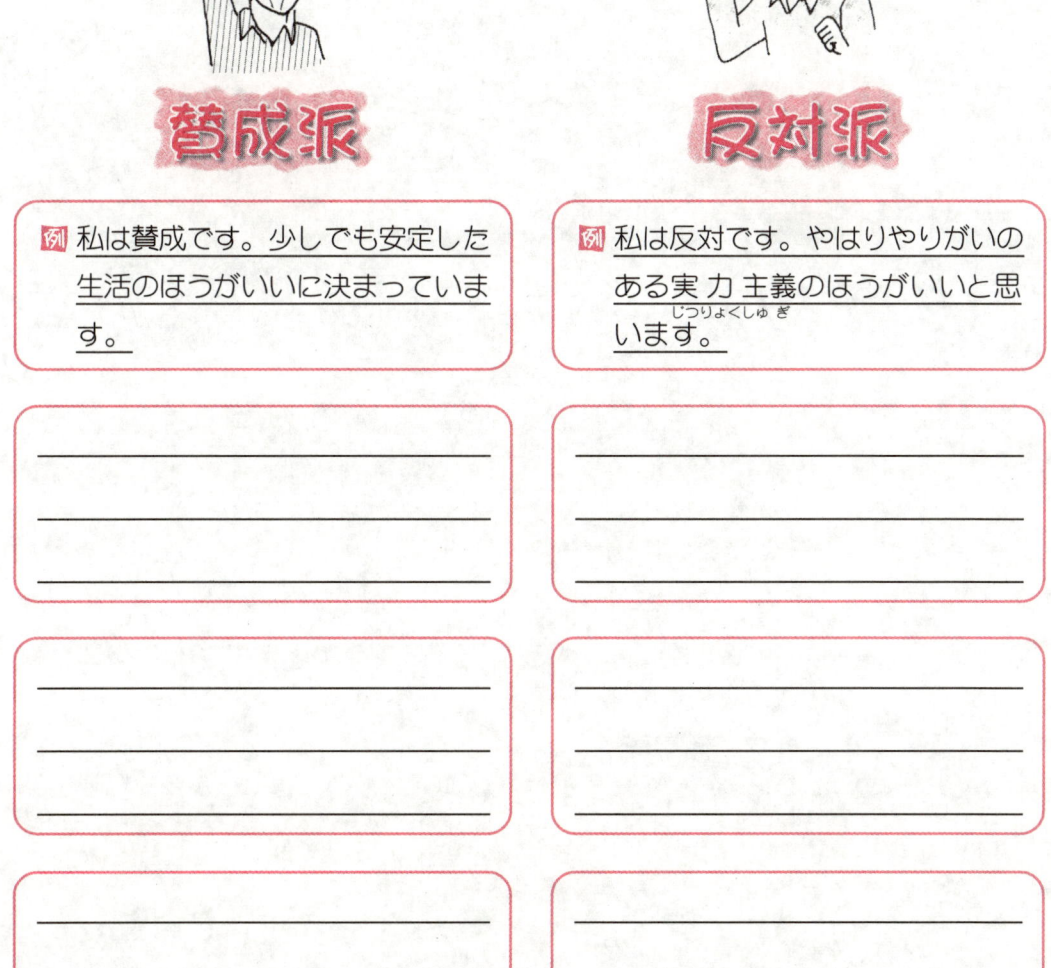

賛成派

反対派

例 私は賛成です。少しでも安定した生活のほうがいいに決まっています。

例 私は反対です。やはりやりがいのある実力主義のほうがいいと思います。
じつりょくしゅぎ

3. 他にもいろいろなテーマで「ディベート」をしてみましょう。

例 制服／受験戦争／猫より犬のほうがいい／家事の分担／電話より手紙がいい／リゾートを開発／など

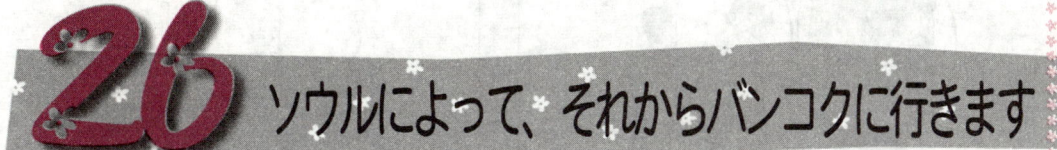

# 26 ソウルによって、それからバンコクに行きます

## 접속사 / 접속구 (1) 순접

☑ イラストによる文法確認

**1** 映画を見て、それから食事でも
どうですか。

**2** 駅から近いし、その上エアコン
までついていますよ。

**3** 疲れているし、それにお金も
ないんだ。

**4** 一流会社に勤めているし、しかも
性格もやさしいんです。

【 応答バリエーション 】

**1.** あのう、今度の日曜日、空いていますか。(p. 168)

a) ええ、特に予定はありませんけど。

b) いえ、日曜日はちょっと……（都合が悪いです）。

c) 日曜日は予定が入っているんですが、土曜日はいかがですか。

d) ごめんなさい。日曜日は先約があります。

**2.** あのレストランどうでしたか。(p. 170)

　　a) 安くておいしいし、それに雰囲気も良かったですよ。

　　b) おいしかったけど、量は少なかったです。

　　c) 店はきれいだけど、店員の感じが良くなかったですね。

　　d) まあまあかな。


**3.** 課長がうらやましいですよ。奥さんは美人で、優しくて、しかも料理がお上手なんですから。(p. 171)

　　a) いやいや、とんでもない。(M)

　　b) お世辞がうまいね。(M)

　　c) 女房に話したらよろこぶよ。(M)

　　d) 美人じゃないけど、料理はまあまあだと思うよ。(M)


【 内容質問 】────────────────────────────

(1) 二人はどこで話していますか。

(2) 上田さんはどんなところに行きたい、と言っていますか。

(3) 旅行社の人はどこを勧めましたか。
　　　　　　　　　　　　　すす

(4) 旅行社の人はどうしてそこを勧めましたか。

(5) 飛行機はまっすぐタイに行きますか。


【 文法確認ドリル 】────────────────────────

**1.** 〔　　〕の中から適当な表現を選んで○をつけてください。

(1) まずホテルにチェックインして、〔しかも・それから・その上〕市内見物に出か
　　　　　　　　　　　　　　　　　　　　　　　　　　　　　　　　けんぶつ
　　けましょう。

(2) あのレストランは、安くておいしいし、〔それから・それに・そして〕メニュー
　　が豊富なんですよ。
　　　ほうふ

(3) 今なら10％引き、〔そして・それから・しかも〕無料で配達します。
　　　　　　　　　　　　　　　　　　　　　　　むりょう　はいたつ

(4) このワープロは小さくて便利だ。〔それから・その上・かつ〕、通信もできるんだよ。

(5) 風が強くなってきた〔それから・その上・上に〕、雨まで降ってきた。

(6) 先月、父が入院してその世話がとても大変なんですが、〔そうして・その上・それから〕今度は母まで病気になってしまって……。

(7) いつも会社の帰りに買い物をして、家に帰って、〔その上・しかも・それから〕夕食の支度をしています。

(8) 今日は疲れていて眠いし、〔そして・それから・それに〕金もないから、まっすぐ家に帰るよ。

(9) 一流会社に勤めていて、優しくて、〔それから・しかも・そうして〕ハンサムな人となら、結婚してもいいわ。

(10) わざわざ遠くからお出でいただいた〔それに・上に・それから〕、お祝いまでいただいて、本当にありがとうございました。

**2.** 〔　　〕の中の言葉を順番に使って、応答の文を作ってください。

(1) 店貝：どんなテレビをお探しですか。

　　客　：＿＿＿＿＿＿＿＿＿＿＿＿＿＿＿＿＿＿＿のがいいんですが……。

　　　　〔画面が大きい・衛星放送が見られる・それに・値段が安い〕

(2) 健一：旅行の予定はもう決まったの？

　　良子：ええ。＿＿＿＿＿＿＿＿＿＿＿＿＿＿＿＿＿つもりよ。

　　　　〔ルーブル美術館を見る・買い物をする・それから・イギリスへ行く・2週間英語の勉強をする〕

(3) 課長：君、また遅刻ですか。

　　佐藤：すみません。＿＿＿＿＿＿＿＿＿＿＿＿＿＿＿＿＿ものですから。

　　　　〔道路が渋滞している・上に・衝突事故がある〕

(4) 花子：どんな会社に勤めたいの？

　　明美：そうね。＿＿＿＿＿＿＿＿＿＿＿＿＿＿＿＿＿会社。

　　　　〔給料がいい・休みが多い・仕事が楽・しかも・勤務時間が短い〕

(5) 佐藤：木村さんはスポーツがお好きですか。

　　木村：ええ、好きですよ。＿＿＿＿＿＿＿＿＿＿＿＿＿＿＿＿＿。

　　　　〔テニス・ゴルフ・それから・冬はスキーをする〕

**1.** 好きなカードを１枚ひいて、例のように続く文を考え、文を完成させてください。

例 朝寝坊をして電車に乗り遅れた。そのうえ、宿題を忘れて先生に叱られた。

電車のなかで 隣 の女の人に足を踏まれた。しかも、

_____

花子さんにデートを断られてしまった。そのうえ、

_____

二日酔いで気持ちが悪い。それに、_____

ハイキングに行ったら道に迷ってしまった。しかも、

_____

財布をどこかに落としてしまった。そのうえ、_____

_____

2. 好きなカードを1枚ひいて、前の文を考え、文を完成させてください。

例 朝寝坊をして電車に乗り遅れた。そのうえ、宿題を忘れて先生に叱られた。

＿＿＿＿＿＿＿＿
＿＿＿＿＿＿＿。そのうえ、道で転んでしまった。

＿＿＿＿＿＿＿＿
＿＿＿＿＿＿＿。しかも、それは先生だった。

＿＿＿＿＿＿＿＿
＿＿＿＿＿＿＿。それに、雨にも降られた。

＿＿＿＿＿＿＿＿
＿＿＿＿＿＿＿。しかも、10回も間違えてしまった。

＿＿＿＿＿＿＿＿
＿＿＿＿＿＿＿。そのうえ、食べ物もなくなった。

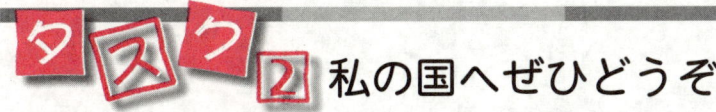 

夏休みの旅行を計画している日本人の友達に、「あなたの国はどんなところですか」と聞かれました。例の日本紹介を参考にして、あなたの国のいいところをたくさん紹介して、ぜひあなたの国を旅行するよう勧<sub>すす</sub>めてください。

> 例 ぜひ私の国、日本へ来てください。
> 　日本は小さな島国ですが、きれいなところがたくさんあります。富士山、日光、琵琶湖<sub>びわこ</sub>……、そして古い都<sub>みやこ</sub>、京都、奈良<sub>なら</sub>。それに、北海道や九州の自然もすばらしいですよ。しかも、春夏秋冬で、それぞれ違った美しさがあります。また、日本には火山が多いので、有名な温泉がたくさんあります。
> 　それから何と言っても大都市東京。いろいろな文化や、一番新しいものを楽しむことができます。
> 　ぜひ、私の国を旅行してください。

では、自分の国を紹介してみましょう。＿＿には、上の例を参考に、紹介の文を書き込んでください。

　ぜひ私の国、＿＿＿＿＿＿へ来てください。

＿＿＿＿＿＿＿＿＿＿＿＿＿＿＿。そして＿＿＿＿＿＿＿＿＿＿＿＿

＿＿＿＿＿＿＿＿＿＿＿。それに＿＿＿＿＿＿＿＿＿＿＿＿＿＿＿＿

＿＿＿＿＿＿。しかも＿＿＿＿＿＿＿＿＿＿＿＿＿＿＿＿＿＿＿＿＿

それから、＿＿＿＿＿＿＿＿＿＿＿＿＿＿＿＿＿＿＿＿＿＿＿＿＿＿＿

ぜひ、私の国を旅行してください。

# 27 それはそうなんですけど…

접속사 / 접속구 (2) 역접과 기타

## ✔ イラストによる文法確認

**1** しかし、その議論の前提は
間違っていますよ。

**2** ですが、僕は家庭が大事ですから。

**3** でも、明日はテストがあるので、
書き終えてから帰るわ。（F）

**4** だけど、みんなこういう格好
なんだよ。

【 応答バリエーション 】

**1.** この大雨で、東京の水不足も解消しますよね。(p. 175)

a) しかし、東京の水の使用量はすごいですからねえ。

b) そうですね、解消するといいですね。

c) だけど、川の水あふれたようですよ。

d) それにしてもよく降りますねえ。

**2.** このレポート明日までだから、今日はもう帰ろうよ。（M）(p. 177)

　　a) でも、明日はテストがあるので、書き終えてから帰るわ。

　　b) そうね。帰りましょう。（F）

　　c) 帰りたいんだけど、明日までに終わりそうにないから、もう少し残るよ。（M）

　　d) 8時に彼が迎えに来るんだけど……。（F）


**3.** 出版記念パーティーはTホテルにしたら、どうでしょう。(p. 178)
　　しゅっぱん き ねん

　　a) ですけど、あそこは駅から少し遠すぎませんか。

　　b) でも、あそこは食べ物がまずいし、高いですよ。

　　c) そうですね。そうしましょう。

　　d) いいですね。それで予算はいくらにしましょうか。
　　　　　　　　　　　よ さん


〘 内容質問 〙────────────────────────────────

(1) 野上さんはどうして困っていますか。

(2) 野上さんは、どんなことができない、と言っていますか。

(3) それは野上さんの家だけのことですか。

(4) 木村さんは、野上さんの部屋をどう思っていますか。

(5) 木村さんは、野上さんが我慢できない理由は何だ、と思っていますか。
　　　　　　　　　　　　　　　　　　が まん

## 文法確認ドリル

**1.** 適当な応答を右から選んで、例のように、線で結んでください。

例 そんな格好して学校へ行くの? ・

・ a. ですが、僕たちの自由も認め<br>てください。

(1) 校則でYシャツは白と決まってる。 ・

・ b. だけど、みんなこういう<br>格好なんだ。

(2) 山中湖はよかったですね。 ・

・ c. 景色はよかったですが、寒す<br>ぎて……。

(3) 畳 は便利だよ。 ・

・ d. でも、いつもそば屋だから<br>ね。

(4) 彼は昨日帰国したのに、もう明日は ・<br>アメリカに出張だそうですよ。

・ e. しかし、彼もタフですね。

(5) 今日の昼は課長がごちそうして ・<br>くれるわ。

・ f. しかし、足が痛くならないで<br>すか。

**2.** 例のように、〔　　〕の中の言葉をヒントにして、「しかし・ですが・ですけど・で<br>も」を使って、相手に反論してください。

例 A : 郊外はいいですね。空気がよくて……。<br>　　〔会社まで2時間かかる・家のまわりに店が少ない〕<br>B : ええ、ですけど会社まで2時間かかるから通勤がたいへんです。

(1) A : 都心は便利でいいですね。<br>　　〔空気が悪い・家賃が高い・うるさい・家が狭い・環境が悪い・物価が高い〕<br>B : _____

(2) A : サラリーマンはいいですね。ボーナスももらえるし……。<br>　　〔残業がある・転勤や単身赴任がある・上役の言うことを聞かなければならな<br>　　い〕<br>B : _____

(3) A：今後エネルギーが足りなくなるから、やはり原発は必要ですよね。

〔環境を破壊する・事故が心配・核のゴミを捨てるところがない〕

B：_____

(4) 母親：ファミコンなんて目が悪くなるからやめなさい。

〔おもしろい・コンピュータに慣れる・ストレス解消になる・遊び場所が

ない〕

子供：_____

(5) A：男は男らしく、髪は短いほうがいい。

〔自分で決めればいい・若者の自由を認めるほうがいい・かっこいいほうがい

い〕

B：_____


3. 例のように、省略されている部分を補ってください。
しょうりゃく　　　　　　　おぎな

例 あのう、ちょっと暑いんですけど……（窓を開けていただけませんか）。

(1) 〔図書館で〕

あのう、この辞書借りたいんですが……（　　　　　　　　　　）。

(2) 〔喫茶店で〕

さっき、コーヒーとサンドイッチ頼んだんだけど……（　　　　　　　　）。

(3) 〔禁煙コーナーでたばこを吸っている人に〕

あ、ここは禁煙なんですけど……（　　　　　　　　　　）。

(4) 〔大きい音でステレオを聞いている、アパートの隣の人に〕

すみません。今、赤ん坊が寝たところなんですが……（　　　　　　）。
　　　　　　　　　　　ぼう

(5) 〔友達に都合を聞いている〕
　　　　　　つごう

パーティーは土曜にしたいんだけど……（　　　　　　　　　）。


4. 〔　　　〕から適当な言葉を選んで、（　　　）に書いてください。

(1) 山田：明日は休みだから、映画を見て（　　　　　）食事でもどう。

上田：楽しそうね。でも、お金もないし、（　　　　　）疲れているからやめておくわ。

〔しかし　　それに　　ですが　　それから〕

(2) 不動産屋：こちらのアパートはいかがですか。駅から近いし、礼金もいりません。（　　　　）、エアコンまでついているんですよ。

　　ジョン　：そうですね。（　　　　）、ちょっと狭くありませんか。

　　　　　　　〔上に　　でも　　ところが　　その上〕

(3) 花子：どうしてお見合い、断ったんですか。ハンサムだし、性格もやさしいし、（　　　　）、一流会社に勤めている人だったんでしょう。

　　上田：（　　　　）、長男なので、結婚したら彼の両親といっしょに住まなければならないと言われたんです。

　　　　　〔それはそうですが　　そして　　しかも　　が〕

(4) セールスマン：高性能で（　　　　）安全性が高い、我が社の新車の特長です。

　　武田　　　　：（　　　　）、値段が高すぎませんか。

　　　　　　　　　〔そのから　　それにしても　　かつ　　にもかかわらず〕

(5) 石川　　：遠方（　　　　）、お出でいただきありがとうございました。

　　ハッサン：こちらこそ。楽しいパーティーに出席させていただいた（　　　　）、おみやげまでいただいて、本当にありがとうございました。

　　　　　　　〔その上　　それにしても　　上に　　にもかかわらず〕

## タスク 1 反対意見

次の会話文の___の部分に反対の意見を入れて、2人で会話してみましょう。

1. A：私は、日本人はもっと会議などで発言すべきだと思いますよ。

   B：でも、_____。

2. A：結婚しても、子供は欲しくないんです。

   B：しかし、_____。

3. A：最近、髪を茶色に染めている人がいますね。日本人は黒い髪のほうがきれいだと
   思うんですよ。

   B：それはそうですけど、_____。

4. A：また消費税が上がるそうですよ。

   B：それにしても、_____。

5. A：部長がまだ残業しているのに、もう帰るつもり？

   B：お言葉ですが、_____。

# タスク ② 困った人たち (2)

第4課のタスク2の「困った人たち(1)」に、今度は言い差し表現で注意してみましょう。「~ないでください」の文を、「~けど」の言い差し表現で相手に伝えてください。

例

夜中にカラオケで歌わないでください。

→ あのう、<u>もう夜遅いんですけど</u>。

1.

電車の中で携帯電話を使わないでください。

→ あのう、＿＿＿＿＿＿けど。

2.

日曜日にゴミを出さないでください。

→ あのう、＿＿＿＿＿＿けど。

3.

道路にたばこを捨てないでください。

→ あのう、＿＿＿＿＿＿けど。

4.

夜中に洗濯をしないでください。

→ あのう、＿＿＿＿＿＿けど。

5.

大きな声で話さないでください。

→ あのう、＿＿＿＿＿＿けど。

# 접속사와 「言い差し(말흐림)」 표현

　『会話のにほんご』 26과에서는 접속사의 순접용법을, 27과에서는 역접용법을 다루었다. 일본어가 능숙한 외국인 학습자들도 접속사를 능숙하게 구사하지 못하고 단문의 나열로 끝내는 경우가 종종 있다. 사용하더라도 「それに」「それから」의 사용 빈도가 높다.

　26과에서는 「しかも」「その上」라는 접속사에 대해 설명하고 있다. 「それに」「それから」뿐만 아니라, 이러한 표현이 덧붙여져 수준 높은 고급 일본어를 구사할 수 있게 될 것이다.

　문제는 27과에 나오는 역접의 접속사이다. 일본인은 좀처럼 상대방의 얼굴에 대고 정면으로 반대 의견을 말하지 않는다.

　27과의 「しかし」「ですが」「でも」「～ですけど」를 발음할 때는 목소리를 좀 낮추어 약하게 발음하는 것이 좋다. 대화를 어떻게 전개해 나갈 것인가 하는 것은 문법보다도 문화적인 측면이 강하다. 너무나 강하게 반대 의사를 표명하는 경우, 의사 소통에 지장을 초래하게 된다. 강하게 말할 때는 목소리도 강하게, 배려해서 말할 때는 약한 목소리로, 이런 원칙은 어느 언어에서나 공통으로 적용되겠지만, 일본어에서는 특히 중요한 점이다.

　言い差し(말흐림) 표현은 그 연장선상에 있다고 생각해도 좋다. 「あのう、ちょっと寒いんですけど……[窓を閉めていただけませんか/ドアを閉めてもいいですか/暖房をつけてもよろしいでしょか](저어, 좀 춥습니다만……[창문을 닫아도 괜찮겠습니까?/문을 닫아도 되겠습니까?/난방을 틀어도 좋습니까?])」라고 할 경우, 회화는 「～けど」라는 말흐림 표현으로 끝나며, [　]의 생략된 부분은 상대방의 판단에 맡긴다. 이러한 표현은 상대방이 손윗사람이거나 상대방과 잘 알지 못하는 사이일 경우에 쓰인다.

　이 표현은 대부분 「けど」「て」「から」「ので」「が」 등으로 끝나며, 다음과 같은 경우에 쓰인다.

　①「さっきから待っているんですけど……[まだですか](아까부터 기다리고 있습니다만……[아직입니까?])」「並んでいるんですけと……[割り込まないでください](줄을 서 있습니다만……[새치기하지 마십시오])」와 같이 상대방을 재촉하거나 비난할 때

　②「木村さんのご意見ももっともだとは思いますが……[この場合には適用しにくいのではありませんか/大部分の方が反対なんですよ](기무라 씨의 의견도 일리가 있다고 생각합니다만……[이 경우에는 적용하기 어렵지 않겠습니까?/대부분이 반대하고 있어요])」처럼 상대방에게 반대 의견을 제시할 경우

　③「夕方は約束がありまして……/明日は都合が悪いので……[ご一緒できません](저녁때 약속이 있어서……/내일은 사정이 나빠서……[함께 어울릴 수 없습니다])」처럼 상대방의 권유를 거절할 때. 거절의 말은 누구든지 말하기 어렵기 때문에 전부 말하지 않고 상대방이 알아서 판단해 주길 바라는 심리가 말흐림 표현으로 나타나는 것이다.

　외국인 학습자는 후반부에 생략된 부분을 유추하는 능력을 길러야 한다. 또한, 스스로도 말흐림 표현법을 익혀두면 어느샌가 일본인과의 의사소통이 자연스러워짐을 느낄 것이다.

# あのう、ちょっとお尋ねしますが…

감탄사

## ☑ イラストによる文法確認

**1** あのう、明日お休みさせて
いただきたいんですが……。

**2** ちょっと伺いますが……
／はい、なんでしょう。

**3** 相槌というのは日本
　　社会の象徴です。
　　　ーほう、そうですか。

相手に全面的に賛成で
なくても……。
　　　　　ーええ。

話を聞いているという
合図を示すんです。
　　　　ーなるほど。

**4** 本日は、ええー、お日柄も
よろしく……。

**5** わーい、やっと終わった。

**1.** ねえ、その辺に僕のノートなかった？(p. 183)
<sub>へん</sub>

   a) いいや、見当たらないよ。(M)

   b) うーん、どこかで見たんだけど……。

   c) ほら、あそこにあるよ。(M)

   d) あれっ、あのノート、君のだったの？(M)


**2.** やったー、合格だ！(p.187)
<sub>ごうかく</sub>

   a) えっ、あなたが受かったの。信じられない！(F)

   b) へえー、君が東大に受かるなんて！(M)

   c) ほんと、よかったね。

   d) おめでとう、お祝いしなければね。


**3.** 卒論はもう書きあげたの？(p.184)

   a) ううん。それが、なかなか進まないんだ。(M)

   b) うん、やっと昨日終わったんだ。(M)

   c) いや、まだなんだ。とにかく今週中に仕上げないと。(M)

   d) うん、やっとね。3か月もかかったよ。(M)

(1) リンさんは何をしに銀行に来ましたか。

(2) リンさんは今までに、この銀行で両替をしたことがありますか。
<sub>りょうがえ</sub>

(3) リンさんは現金のほかに何を持っていますか。
<sub>げんきん</sub>

(4) 今のレートはいくらですか。

(5) リンさんはどうして今日は両替をやめましたか。

**1.** 例のように、〔　　〕から適当な言葉を選んで、（　　）の中に書いてください。

> **例** （ねえ）、今度の土曜日、いっしょに映画見に行かない？
>
> 〔ねえ　　ほら　　なるほど〕

(1) （　　　　　）、ちょっとご相談したいことがあるんですが……。
〔ううん　　ねえ　　あのう〕

(2) ＜行列で割り込もうとしている人に＞

あ、（　　　　　）。後ろに並んでもらえますか。〔おや　　すみません　　まあ〕

(3) ＜病院で＞

A：〇〇さん、診察室にどうぞ。

B：（　　　　　）。〔はい　　うん　　ええ〕

(4) A：この本、おもしろそうね。貸してくれない？

B：（　　　　　）、いいよ。〔うっそお　　ううん　　うん〕

(5) 鈴木：今晩、一杯どう？

山田：（　　　　　）、ごめん。ちょっと用事があるんだ。

〔すみません　　いや　　あれっ〕

(6) 教授：どう、卒論のほうは進んでる？

健一：（　　　　　）、なんとかやってます。〔はあ　　うーんと　　いやはや〕

(7) ＜合格発表で＞

A：（　　　　　）、合格だ。

B：（　　　　　）、あんなに遊んでばかりいたのに。信じられない。

〔はあ　　やったー　　ええ　　えっ〕

(8) ＜道を聞く＞

A：（　　　　　）、横浜駅にはどう行ったらいいでしょうか。

B：（　　　　　）、あのデパートのところを右に曲がればすぐですよ。

〔ええと　　そのう　　あのう　　ちょっと　　いや〕

(9) ＜言葉を考えながら話す＞

アナウンサー：夫婦別姓についてどう思われますか。

通行人　　　：そうですね。（　　　　）、結婚相手の意見を聞いて、（　　　　）、

　　　　　　　　相手が認めれば、いいんじゃないですか。

〔なるほど　　ええーと　　ふーん　　はあ　　うーん〕

(10)　＜相槌をうつ＞

A：昨日、野球を見に行ったんだけどね。

B：（　　　　　）。〔うん　　えーっ　　あのう〕

A：満員で立ち見席だったんだけど、いい試合でね。

B：（　　　　　）。〔ええーと　　ふーん　　おやおや〕

A：逆転ホームランがぼくのところに飛んできてね。

B：（　　　　　）。〔あれあれ　　いやはや　　へえー〕

A：もう少しでボールが取れるところだったんだけど……。

B：（　　　　　）。〔それで　　まあ　　はい〕

A：他の人に取られちゃった。

B：（　　　　　）。〔なるほど　　それは残念　　ええ〕


**2.** （　　　）の中に、下の□の中から適当な言葉を選んで書いてください。

(1) A：じゃ、とりますよ。笑ってください。

　　B：（　　　　　）、目をつぶっちゃった。もう一枚とっていただけますか。

(2) A：（　　　　　）。ちょっと電話をお借りできますか。

　　B：どうぞ、遠慮なく使ってください。

(3) A：消しゴム、貸して。

　　B：（　　　　　）、いいよ。

(4) A：お誕生日、おめでとう。

　　B：（　　　　　）、素敵なプレゼント、ありがとう。

(5) A：Bさんは何が得意ですか。

　　B：（　　　　　）、どこでも眠れることかな。

(6) 部長：明日は大阪支店長がいらっしゃるし、朝から忙しいな。

　　秘書：（　　　　　）、明日、休ませていただきたいんですが……。

(7) A：このハンバーグ、大豆でできているんだって。

　　B：（　　　　　）?まるで肉でできてるみたいね。

(8) A：日本料理と言えば、やっぱり寿司ですよね。

B：（　　　　　）、やっぱり天ぷらでしょう。

(9) A：○○課長、今度九州へ転勤だそうよ。

B：（　　　　　）、ちっとも知らなかった。

(10) A：岡田さん、来月お子さんが生まれるそうよ。

B：（　　　　　）、それで転勤に乗り気になれなかったわけですね。

---

あのう　　ほんと　　へえ　　うん　　そうですね　　なるほど

すみません　　わーっ　　あっ　　いや

---

**あのう、ちょっとお尋ねしますが…**

（　　）に適当な言葉を入れて、会話の練習をしてみましょう。

---

**例**
A：あのう、ちょっとお尋ねしますが……。
B：はい、なんでしょうか。
A：ええと、この銀行でドルを円に替えられますか。
B：ええ、もちろん替えられますよ。
A：ええと、これを両替すると、今のレートでいくらになりますか。
B：そうですねえ、18万2700円になります。

---

1. A：あのう、ちょっとお尋ねしますが……。
   B：はい、なんでしょうか。
   A：ええと、（アパートで動物を飼う →　　　　　　　　　　）
   B：ええ、もちろん（　　　　　　　　　　　）。
   A：ええと、（　　　　　　　　　）
   B：そうですねえ、（　　　　　　　　　　）

2. A：あのう、ちょっとお尋ねしますが……。
   B：はい、なんでしょうか。
   A：ええと、（飛行機の切符の時間を変更する→　　　　　　　　）
   B：ええ、もちろん（　　　　　　　　　）。
   A：ええと、（　　　　　　　　）
   B：そうですねえ、（　　　　　　　　）

3. A：あのう、ちょっとお尋ねしますが……。
   B：はい、なんでしょうか。
   A：ええと、（？　　　　　　　　　）
   B：ええ、もちろん（　　　　　　　　　）。
   A：ええと、（　　　　　　　　）
   B：そうですねえ、（　　　　　　　　）

4. A：<u>あのう</u>、ちょっと<u>お尋ね</u>しますが……。

 B：はい、なんでしょうか。

 A：<u>ええと</u>、(? 　　　　　　　　　　)

 B：ええ、もちろん(　　　　　　　　　　)。

 A：<u>ええと</u>、(　　　　　　　　　)

 B：<u>そうですねえ</u>、(　　　　　　　　　)

5. A：<u>あのう</u>、ちょっと<u>お尋ね</u>しますが……。

 B：はい、なんでしょうか。

 A：<u>ええと</u>、(? 　　　　　　　　　)

 B：ええ、もちろん(　　　　　　　　　　)。

 A：<u>ええと</u>、(　　　　　　　　　)

 B：<u>そうですねえ</u>、(　　　　　　　　)

・文法確認ドリル
・タスク

{ 文法確認ドリル }

**1.** (1) 通って　(2) 着いて　(3) 探して
(4) 着て　(5) 形をして　(6) 読んで
(7) 似て　(8) 待って　(9) して
(10) 行って

**2.** (1) d　(2) f　(3) a　(4) b　(5) c

**3.** (1) 聞いて　　　(2) 始まって
(3) 結婚して　　(4) 話して
(5) 開いて

**4.** (1) うるさい音楽がなっています
(2) 線路に一万円札が落ちています
(3) 電車の中で文庫本を読んでいます
(4) 今日はジーンズをはいています
(5) 力士はいつも堂々としています

タスク①

- 모범답안 -

**1.** 〔銀行員〕
・スーツ(背広)を着ています。
・ネクタイをしています。
・カバンを持っています。
・携帯電話を持っています。
・ボールペンを持っています。

**2.** 〔ファーストフードの店員〕
・制服を着ています。
・帽子をかぶっています。
・イアリングをしています。

**3.** 〔医者〕
・白衣を着ています。
・聴診器を持っています。
・ボールペンを持っています。

**4.** 〔旅館の女将〕
・着物を着ています。
・扇子を持っています。

・ぞうりをはいています。

**5.** 〔女高生〕
・制服を着ています。
・白いソックスをはいています。
・カバンを持っています。
・ボールペンを持っています。

**6.** 〔コック〕
・白い服を着ています。
・帽子をかぶっています。

**7.** 〔デパートの店員〕
・制服を着ています。
・イアリングをしています。
・ボールペンを持っています。

**8.** 〔看護婦〕
・白衣を着ています。
・帽子(ナースキャップ)をかぶっています。
・体温計を持っています。
・ボールペンを持っています。

{ 文法確認ドリル }

**1.** (1) 買ってある　　(2) 入れてある
(3) 書いてあります　(4) 置いてある
(5) かけてあった

**2.** (1) 机の上に花が飾ってあります。
(2) テーブルの上にカードが置いてあります。
(3) カードに「誕生日おめでとう」と書いてあります。

**3.** (1) 落ちている
(2) 書いてある, 壊れている
(3) 開けてある
(4) 開いています
(5) 飾ってあります

1. 〔出発前チェックリスト〕
   (1) ホテルを(予約する) → はい、もう予約してあります。
   (2) 円を元に(換える) → いいえ、まだ換えていません。
   (3) 中国のガイドブックを(読む) → はい、もう読んであります。
   (4) 簡単な中国語の会話を(勉強する) → はい、いま勉強しています。／いま習っています。
   (5) 友人の葉さんに手紙を(書く) → はい、いま書いています。
   (6) 葉さんにおみやげを(買う) → いいえ、まだ買っていません。
   (7) 海外旅行保険に(入る) → いいえ、まだ入っていません。
   (8) ビデオ・カメラの使い方を兄から(教えてもらう／習う) → はい、いま教えてもらって(習って)います。
   (9) 旅行の日程を家族に(話す／言う) → いいえ、まだ話して(言って)いません。
   (10) 日本大使館の電話番号を(メモする) → はい、もうメモしてあります。

2. 〔引っ越し準備チェックリスト〕

   ─ 모범답안 ─

   運送屋に電話する(運送屋の予約をする，運送屋に見積もってもらう等)，段ボールをそろえる，段ボールに荷物をつめる，電気・ガス・水道を止める手続きをする，郵便局に住所変更の手続きをする，大学(職場)に住所変更の手続きをする，友達に手伝いを頼む，友達に新しい住所を知らせる，電話を移す手続きをする，大家さんに引っ越しの挨拶をする，アパートの他の住人に挨拶をする，引っ越し先の隣人への挨拶の品を買う，等々。

# 3

1. (1) f  (2) a  (3) b  (4) d  (5) c

2. (1) 出しておいた／出しといた
   (2) しまっておき／しまっとき
   (3) 洗濯しておいた／洗濯しといた
   (4) 予約しておこ／予約しとこ
   (5) 飲まないでおこ／飲まないどこ

3. ① ある　② おく　③ ある
   ④ おき　⑤ おいた　⑥ あり
   ⑦ おき　⑧ あり　⑨ おき
   ⑩ おいて

❶ 切る → 切っておく
❸ 洗う → 洗っておく
❹ 盛る → 盛っておく
❺ 作る → 作っておく
❻ する → しておく

# 4

1. (1) 飲んでください
   (2) つけてください
   (3) 笑ってください
   (4) してください
   (5) 見せないでください

2. (1) とらないで　(2) さわらないで
   (3) 吸って　　　(4) 食べないで
   (5) 入れて

3. ① e  ② d  ③ c  ④ a  ⑤ b

**タスク1**

読む → 読んでください, 出す → 出して(ください), 見せる → 見せて, する → して, 見せる → 見せて, おしゃべりしない → おしゃべりしないで(ください)

**タスク2**

- 모범답안 -

1. A: すみませんが、車内で携帯電話はやめてください。
   B: あっ、すみません。すぐ切ります。

2. A: あっ、ちょっと。ゴミを捨てないでください。今日はゴミの日ではありませんよ。
   B: あっ、すみません。曜日をまちがえました。

3. A: あのう、たばこを道路に捨てないでください。
   B: あっ、そうですね。すみません。

4. A: あのう、すみませんが、真夜中に洗濯をしないでください。
   B: すみません。忙しくて、昼間は洗濯する時間がなかったんです。

5. A: しーっ！静かにしてください。
   B: あっ、ごめんなさい。つい、おしゃべりしてしまいました。

# 5

**{文法確認ドリル}**

1. (1) 書いてしまい
   (2) 読んでしまい
   (3) 遅刻してしまい
   (4) 骨折してしまった
   (5) 吸ってしまう

2. (1) 飲みすぎちゃった
   (2) はずれちゃった
   (3) つぶっちゃった
   (4) 行っちゃった
   (5) 割っちゃった

3. 寝坊する → 寝坊してしま
   遅刻する → 遅刻してしまう
   忘れる → 忘れてしまう
   落とす → 落としてしまう
   乗り遅れる → 乗り遅れてしまう

**タスク**

居眠りする → 居眠りしてしまう, 考える → 考えてしまう, 買う → 買ってしまう, 忘れる → 忘れてしまう, やる → やってしまう, 食べすぎる → 食べすぎてしまう, なる → なってしまう, 泣く → 泣いてしまう

**総合問題**

【問1】 ① d  ② f  ③ a  ④ e  ⑤ b

【問2】 (1) 止まったり → 止まってしまったり
   (2) 使えなくなったり → 使えなくなってしまったり
   (3) 割れました → 割れてしまいました
   (4) 倒れて → 倒れてしまい
   (5) けがをしました → けがをしてしまいました

# 6

**{文法確認ドリル}**

1. (1) いき        (2) き
   (3) き          (4) き, いく
   (5) いき

**2.** ① 持っていって　② 取ってきて
　　 ③ 買ってきて　④ 連れていって
　　 ⑤ 帰ってきて

**3.** (1) ています
　　 (2) ておこ(とこ)
　　 (3) ちゃった
　　 (4) てきました, ていく
　　 (5) てください
　　 (6) てきます
　　 (7) てあります
　　 (8) でください
　　 (9) てしまう(ちゃう)
　　 (10) ている(てる)

**1.** (A) カラーテレビ普及率
　　 (B) 卵の値段
　　 (C) 人口増加率
　　 (D) 交通事故死亡者数

# 7

## 文法確認ドリル

**1.** (1) 乾かす・乾く
　　 (2) 届く・届ける
　　 (3) 決まる・決める
　　 (4) 降りる・降ろす
　　 (5) 移る・移す
　　 **自動詞**：乾く・届く・決まる・降りる・
　　　　　　移る
　　 **他動詞**：乾かす・届ける・決める・
　　　　　　降ろす・移す

**2.** (1) A：開いて　　　B：開けて
　　 (2) A：壊れ　　　　B：壊し
　　 (3) A：減り　　　　B：減らして
　　 (4) A：残して　　　B：残って
　　 (5) A：倒し　　　　B：倒れ

(6) A：汚し　　　　B：汚れ
(7) A：治っ　　　　B：治し
(8) A：冷えて　　　B：冷やして
(9) A：起き　　　　B：起き, 起こし
(10) 貯め, 貯まら

**1.** 済み　**2.** 開け　**3.** たまっ　**4.** 倒れ
**5.** 起き

**1.** ② 落ちました　③ 落とす
**2.** ③ 消え　④ 消し
**3.** ② 割れ, 割れ, 割っ　④ 割っ
**4.** ③ かかる　④ かけ

# 8

## 文法確認ドリル

**1.** (1) とめる → とめられ, する → でき,
　　　　吸う → 吸え
　　 (2) <u>貴重な資料 (大事な資料)</u> だったか
　　　　ら。
　　 (3) <u>喫煙コーナー</u>で吸えます

**2.** (1) 泳げない　　　(2) 打てます
　　 (3) 見られる　　　(4) 買える
　　 (5) 話せない

**3.** (1) エ・e　　　　(2) ウ・f
　　 (3) カ・b　　　　(4) イ・d
　　 (5) ア・c

**4.** (1) どこへでも　　(2) 何杯でも
　　 (3) 何でも　　　　(4) 誰でも
　　 (5) どこでも

**1.** (1) 踏まれ
(2) 読まれている
(3) ほめられました
(4) 遊びに来られた
(5) 見られ

**2.** (1) 先生に注意され
(2) 息子にウイスキーを飲まれ
(3) となりの赤ん坊に泣かれ
(4) 伊藤さんに引っ越しの手伝いを頼まれました
(5) 4月に行われます

**3.** (1) 降られ
(2) 行かれ
(3) はさまれ
(4) 居眠りされ
(5) 出ていかれ

**総合問題**

【問1】運ばれる → 運ぶ, 生産される → 生産する, 輸入される → 輸入する, 知られる → 知る, 食べられる → 食べる, 呼ばれる → 呼ぶ, 愛される → 愛する, 占領される → 占領する, 行われる → 行う, 反映される → 反映する

**文法確認ドリル**

**1.** (1) 洗わせる → 洗わせられる・洗わされる
(2) 食べさせる → 食べさせられる

(3) 持たせる → 持たせられる・持たされる
(4) 待たせる → 待たせられる・待たされる
(5) やめさせる → やめさせられる

**2.** (1) 休ませ　　(2) 食べさせられ
(3) 寝かせ　　(4) させ
(5) 歌わせられ・歌わされ

**3.** 【太郎君のお母さんの話】
通う → 通わせ, 行く → 行かせ, 習う → 習わせ, 勉強する → 勉強させ, する → させ, 読む → 読ませ
【太郎君から一言】
通う → 通わされ・通わせられ, 行く → 行かされ・行かせられ, 習う → 習わされ・習わせられ, 勉強する → 勉強させられ, やる → やらせ, 読む → 読ませ

**文法確認ドリル**

**1.** (1) 岡田さん……（手製のチョコレートをもらった）
小川さん……（手製のチョコレートをあげた）
(2) 店員……（領収書をあげた）
恵子……（領収書をもらった）
(3) 先輩……（グローブをあげた）
山口さん……（グローブをもらった）
(4) 田中さん……（新作ビデオをくれた）
弟……（新作ビデオをもらった）
(5) お隣……（そうめんをくれた）
うち……（そうめんをもらった）

**2.** (1) いただいた, あげた
(2) あげ, さしあげた

(3) もらった

(4) いただいた

(5) くれ

3. (1) あげました・もらいました

(2) くれました

(3) くださいました

(4) くださいました

(5) いただきました

1. (1) あげ，もらって

(2) あげ，くれる

(3) いただいた

(4) もらえ／いただけ

(5) やろ

2. (1) 手伝ってもらいました，手伝ってく
れました

(2) 見てもらいました，見てあげました

(3) ほめていただきました，ほめてくだ
さいました

(4) いれてあげました，いれてもらいま
した

(5) かわってもらいました，かわってあ
げました

3. (1) 切ってもらいました

(2) 切られました

(3) 来てくれました

(4) 来られました

(5) 読んでもらいました

(6) 読まれました

(7) とられました

(8) とってくれました

(9) 捨てられました

(10) 捨ててくれました

1. (1) 休ませていただき

(2) 使わせていただき

(3) コピーさせていただけ

(4) 送らせていただき

(5) させていただけ

2. (1) c (2) a (3) e (4) f (5) d

3. (1) 宏　　(2) 隆　　(3) 部長

(4) 鈴木　(5) サハ　(6) サハ

(7) 岡田　(8) 鈴木　(9) 真由美

(10) 隆

1. (1) 〔やめる〕→（やめたら）・（やめれば）
・（やめると）・（やめるなら）

(2) 〔急ぐ〕→（急いだら）・（急げば）・
（急ぐと）・（急ぐなら）

(3) 〔登る〕→（登ったら）・（登れば）・
（登ると）・（登るなら）

(4) 〔高い〕→（高かったら）・（高ければ）
・（高いと）・（高いなら）

(5) 〔静かだ〕→（静かだったら）・（静か
ならば）・（静かだと）・（静かなら）

2. (来)たら，(なれ)ば，(吸う)と，(飲む)
と，(そういうこと)なら

3. (1) 誘ったら・d

(2) 言ってくれたら／言ってくれれば・
a

(3) 食べてみると／食べてみたら・c

(4) 間に合わなかったら／間に合わなけ
れば・f

(5) 飲んだら／飲めば／飲むと・e

4. (1) 結婚できたら／結婚できれば／結婚
できるなら
(2) デートするなら
(3) 行ったら
(4) 飲むと／飲んだら
(5) うまかったら／うまければ

② 12, なります　③ 16, できます　18, で
きます　④ 18, できます　⑤ 20, 飲めます
⑥ あります　⑦ 60, やめます　⑧ お祝い
してくれます　⑨ 65, もらえます

# 15

## 文法確認ドリル

1. (1) ひま, いいわね
(2) します
(3) になって, お(席), ご(案内), いたし
(4) 召し上がって, いただき
(5) お(花), お(好き)

2.

| 基本型 | 尊敬語 | 謙譲語 |
|---|---|---|
| 見る | ご覧になる | 拝見する |
| 言う | おっしゃる | 申す／申し上げる |
| いる | いらっしゃる | おる |
| 行く | いらっしゃる | 参る |
| 来る | いらっしゃる | 参る |
| 食べる／飲む | 召し上がる | いただく |

3. (1) なさいます
(2) 召し上がります
(3) お作りします
(4) お呼びします
(5) お待たせしました

4. (1) ご覧になりましたか

(2) お届けします
(3) いらっしゃら
(4) うかがっ
(5) お書き

5. (1) a　(2) c　(3) c　(4) b　(5) c
(6) b　(7) c　(8) a　(9) b　(10) c

## タスクⅡ

〈シート1〉
a. 帰る → お帰りになり, 帰られ
c. もらう → いただき
g. もらう → いただき, 伝える → お伝え

〈シート2〉
a. する → いたし
b. いる → おり
g. いる → おり
j. 待つ → お待ち

# 16

## 内容質問

① 転勤する　　　② 本社だ
③ 参加する　　　④ でき
⑤ した

## 文法確認ドリル

1. (1) 辛そうだ　　(2) 丈夫そう
(3) 行かないそう　(4) 死にそう
(5) よさそう

2. (1) なさ, おいしい, 安
(2) 明ける
(3) 抜け

3. (1) おいしそうな, 手作りだ
(2) 便利そう
(3) 寒そうだ, 滑りそう

(4) 遅刻しそう

(5) 穴があきそう

**4.** (1) うれし　　　(2) 眠

(3) 来る　　　　(4) あった

(5) 破れ

## タスク II

① わかりそう　② 難しそう　③ 重そう
④ 忙しそう　⑤ 面白そう　⑥ こわそう
⑦ 止まりそう

# 17

## 文法確認ドリル

**1.** (1) 組み立てるんだろう

(2) 立候補するんだろう

(3) 建ったんでしょう

(4) いいでしょう

(5) なくならないんでしょう

**2.** (1) b　(2) b　(3) b　(4) a　(5) b

**3.** (1) らしい　　　　(2) よう

(3) みたい　　　　(4) よう

(5) だろう

**4.** (1) 故障した

(2) 止まっている

(3) かかる

(4) 行ったほうがいい

(5) もらえる

## タスク

－모범답안－

**1.** 白亜紀の恐竜のようだよ(恐竜らしいよ)。

**2.** 約10メートルもあったようだ(あったらしい)。

**3.** 後ろ足だけで歩いていたようだね(歩いていたらしいね)。

**4.** よかったようだね(よかったらしいね)。
脳が他の恐竜より大きいらしいから(大きいようだから)。

**5.** 北アメリカのようだよ(北アメリカらしいよ)。

# 18

## 文法確認ドリル

**1.** (1) どうも, よく　(2) ちょっと

(3) やっぱり　　(4) どうも

(5) やっぱり　　(6) よく

(7) ちょっと　　(8) よく

(9) どうも

**2.** (1) f　(2) e　(3) a　(4) c　(5) d

## タスク

**1.** ①, ⑦

**2.** ②, ⑥

**3.** ④, ⑨

**4.** ③, ⑧

**5.** ⑤, ⑩

# 19

## 文法確認ドリル

**1.** (1) 読まないんです

(2) 知らなかった

(3) できなかった

(4) 高くありません

(5) 行きません

**2.** (1) 決して　　　(2) なかなか
(3) 全然　　　　(4) あまり
(5) ろくに

**3.** (1) めったにしません
(2) ろくに寝ていない
(3) たいしてかかりませんでした
(4) 別にありません
(5) なかなかよくならない

**{ 文法確認ドリル }**

**1.** (1) e　(2) a　(3) f　(4) b　(5) c

**2.** (1) いらいら　　　(2) どきどき
(3) くたくた　　　(4) すやすや
(5) しょんぼり

**3.** (1) ふらふら, ドンドン, ワンワン, か
んかん, ガチャン
(2) そっと, こっそり, ぐっすり, キラ
キラ, どんどん

**4.** (1) b　(2) a　(3) a　(4) b　(5) a

**{ 文法確認ドリル }**

**1.** (1) 外で食べることもあります
(2) 会ったことがあります
(3) 読むことはありません
(4) 登ったことがあります
(5) たばこをやめること

**2.** (1) d　(2) a　(3) e　(4) b　(5) c

**3.** (1) 書くこと　　　(2) 読んだこと
(3) 入らないこと　(4) 行くこと
(5) 弾くこと

---

**4.** (1) の　　　　　　(2) こと, こと
(3) こと　　　　　(4) の
(5) の

**{ 文法確認ドリル }**

**1.** (1) 食べるもの
(2) 便利になったもの
(3) しなかったもの
(4) 飲んだもの
(5) 遊びに来たもの

**2.** 【大学の先生】
(1) するもの　　　　(2) 読むもの
(3) しなかったもの　(4) 使ったもの
(5) したもの

【おかあさん】
(6) 遊ぶもの　　　　(7) 起きるもの
(8) 手伝ったもの　　(9) 聞いたもの
(10) 食べたもの

**3.** - 모범답안 -

(1) すみません。寝坊してしまったもの
ですから。／目覚まし時計が壊れてい
たものですから。／電車が事故で止
まっていたものですから。／バスに乗
り遅れてしまったものですから。

(2) 大変申し訳ありませんでした。急に
気分が悪くなったものですから。／
ご連絡しようと思ったのですが、連
絡の方法がなかったものですから。

(3) ごめんなさい。その日は家にいなけ
ればならないものですから。／別の
約束があるものですから。／今月中
にレポートを書かなければならない
ものですから。

(4) ごめん。今、ちょっと調子が悪いも
のだから。／もう、兄に貸す約束が

あるものだから。

(5) そろそろ失礼します。国の母から電話がかかってくるものですから。／明日、試験があるものですから。／明日の朝、早く起きなければならないものですから。

 **1**

**1.** 「早く結婚しろ」って母がうるさい

**2.** 家が狭い

**3.** 主人の帰りが遅い

**4.** 海外旅行に行きたい

**5.** 明日テストがある

# 23

## 文法確認ドリル

**1.** (1) 見るところ
(2) 出かけるところ
(3) わいたところ
(4) 探していたところ
(5) 通過したところ
(6) あげているところ
(7) 来たところ
(8) 寝たところな
(9) かたづけているところです
(10) 読んだところ

**2.** (1) 宿題をしているところ
(2) 出かけるところです
(3) 出たところです
(4) するところ
(5) 発表したところ

**場面3.** 回る → 回った，回る → 回ってい

る，回る → 回る

**場面4.** 抜く → 抜いた，抜く → 抜く，かける → かけている

**場面5.** 帰ってくる → 帰ってきた，ゴールする → ゴールする，入る → 入る

**1位**：木村さん，**2位**：森さん，**3位**：水田さん

# 24

## 文法確認ドリル

**1.** (1) わけではない
(2) わけです
(3) わけではない
(4) わけにはいかなかった
(5) わけです

**2.** (1) 職業になったというわけ
(2) 勉強しているわけ
(3) 乗り気になれないわけです
(4) 反対というわけではない
(5) 休むわけにはいかない
(6) 暮らしてみたくなったというわけ
(7) 嫌いというわけではありません
(8) 寒いわけ
(9) 言うわけにはいきません
(10) そういうわけではありません

父　　C：残業しない
　　　F：ゴルフに行かない(つきあいを断る)
母　　B：家事をしない
　　　H：寝ている
息子　E：卒論を提出しない
　　　A：アルバイトを休む
娘　　D：手伝わない
　　　G：学校へ行かない

## 文法確認ドリル

**1.** (1) 専門の勉強のほう
(2) 和食のほう
(3) 傘を持っていったほう
(4) 地下鉄のほう
(5) 運動したほう

**2.** (1) 帰った　　(2) 買った
(3) 食べない　(4) 断った
(5) 吸わない

**3.** － 모범답안 －

(1) 和室／洋室のほうがくつろぎますね。
(2) うどん／そばのほうかな。
うどん／そばのほうが好きですね。
(3) 文法／聴解のほうが得意です。
文法／聴解のほうですね。
(4) 大阪／横浜のほうが多いんじゃない
ですか。
大阪／横浜のほうでしょう。
(5) 高校生／大学生のほうが長いと思い
ます。
高校生／大学生のほうが長いんじゃ
ありませんか。

**2.** (1) ほう　　(2) わけ　　(3) もの
(4) こと　　(5) ところ　(6) わけ
(7) もの　　(8) こと　　(9) ところ
(10) ほう　　(11) もの　　(12) こと
(13) ところ　(14) わけ　　(15) ほう
(16) こと　　(17) わけ　　(18) ほう
(19) もの　　(20) ところ

## 文法確認ドリル

**1.** (1) それから　　(2) それに
(3) しかも　　(4) その上
(5) 上に　　(6) その上
(7) それから　(8) それに
(9) しかも　　(10) 上に

**2.** (1) 画面が大きくて、衛星放送が見られ
て、それに値段が安い
(2) ルーブル美術館を見て、買い物をし
て、それからイギリスへ行って、2
週間英語の勉強をする
(3) 道路が渋滞していた上に衝突事故が
あった
(4) 給料がよくて、休みが多くて、仕事
が楽で、しかも勤務時間が短い
(5) テニスやゴルフ、それから冬はス
キーをします

## 文法確認ドリル

**1.** (1) a　(2) c　(3) f　(4) e　(5) d

**2.** － 모범답안 －

(1) ええ、でも家賃が高いし、家が狭い
し、物価が高いから生活がたいへん
です。／ええ、しかし、空気が悪い
し、うるさくて環境も悪いから郊外
に引っ越したいんです。等
(2) ええ、ですけど残業があるし、上役
の言うことを聞かなければならない
し、自由になりたいですよ。等
(3) はい。でも、原発は事故が心配です
し、核のゴミを捨てるところがない
から考えなければならない問題がた
くさんあると思います。等
(4) でも、コンピュータに慣れることが
できるし、外には遊び場所がないん
だもん。等
(5) でも、髪形なんか自分で決めればい

いし、かっこいいほうがいいよ。
等

3. － 모범답안 －

(1) 借りられますか
(2) まだできませんか
(3) ここではたばこは吸わないでください
(4) もう少し、音を小さくしていただけませんか
(5) 都合はどう？

4. (1) それから，それに
(2) その上，でも
(3) しかも，それはそうですが
(4) かつ，それにしても
(5) にもかかわらず，上に

－ 모범답안 －

1. 電車の中なんです／車内は「携帯」禁止なんです

2. 今日はゴミの日じゃないんです／今日は日曜日なんです

3. 灰皿はあそこなんです／道路は灰皿ではないんです

4. 今、夜中の3時なんです／洗濯機の音で寝られないんです

5. ここは映画館なんです／今、ちょうどいいところなんです

{ 文法確認ドリル }

1. (1) あのう
(2) すみません
(3) はい
(4) うん
(5) いや
(6) はあ
(7) やったー，えっ
(8) あのう，ええと
(9) ええーと，うーん
(10) うん，ふーん，へえー，それで，それは残念

2. (1) あっ　　(2) すみません
(3) うん　　(4) わーっ
(5) そうですね　(6) あのう
(7) ほんと　(8) いや
(9) へえ　　(10) なるほど

■ 저자

**佐々木瑞枝**（ささき　みずえ）
　　　横浜国立大学　留学生センター　教授
**門倉　正美**（かどくら　まさみ）
　　　横浜国立大学　留学生センター　教授

■ 일러스트

**高岸雅子**（たかぎし　まさこ）

■ 한글 번역

**柴田文武**（しばた　ふみたけ）
　　　가야대학교 국제관광통상학부 교수

## 会話のにほんご ＜ドリル&タスク＞

초판인쇄 : 2001 년 12 월 1 일
초판발행 : 2001 년 12 월 5 일
저　　자 : 佐々木瑞枝・門倉正美
펴 낸 이 : 엄호열
펴 낸 곳 : 시사일본어사
등록일자 : 1977 년 12 월 24 일
등록번호 : 제 1 - 255 호
주　　소 : 서울 종로구 원남동 4-1
　　　　　TEL. (02) 745-1161~5　FAX. (02) 745-1160
　　　　　URL　http://www.sisajapanese.com
　　　　　E-mail　tltk@chollian.net

© *2001*

ISBN 89-402-0402-6　13730
ISBN 89-402-0400-X (세트)